내가 만든
상처가
더 아프다

삶의 중심이 잡히는 감정 관리 수업

내가 만든 상처가 더 아프다

김병수 지음

달콤북스

프롤로그

지혜로운 사람은 나를 먼저 보살핀다

삶은 우리를 결코 그냥 두지 않습니다. 끊임없이 뒤흔들고, 정신 잃을 정도로 강펀치를 날립니다. 누구도 피할 수 없습니다. 이 모든 것을 뚫고 앞으로 나아가는 것이 인생입니다.

우리는 사람에게 상처받습니다. 친구, 직장 동료, 가족과 관계 맺고 살아가는 한, 상처는 필연적으로 찾아옵니다. 타인이 주는 상처는 쉽게 알아차릴 수 있습니다. 무례한 말과 행동을 눈과 귀로 직접 듣고 볼 수 있기 때문입니다. 그런데 우리가 잘 눈치채지 못하는 상처가 있습니다. 나라는 사람이 내게 준 상처입니다. 자기가 자기를 무례하게 대하고 있는데도 이걸 깨닫지 못하고 사는 이들이 많습니다.

우리는 남에겐 너그러우면서도 자신에겐 엄격합니다. 가까운 사람이 실수하면 "괜찮아", "이제껏 충분히 잘해왔어", "너의 노력이 언젠가 빛을 발할 거야"라며 위로를 건넵니다. "함께 문제를 해결해 보자"라며 삶의 짐을 기꺼이 나눕니다. 하지만 자신에게는 그렇게 하지 못합니다. 위로는커녕 짐을 이미 잔뜩 짊어지고 있는 자신에게 왜 더 빨리 가지 않느냐고 채찍질합니다.

스스로에게 습관적으로 상처 주는 사람은 90점에 만족 못 합니다. 100점이 아니니 0점이나 마찬가지라고 여깁니다. 목표를 이루고도 한 번만 삐끗하면 인생 망하는 거라며 공포에 떱니다. 이런 마음가짐이 더 깊은 상처를 만듭니다. 타인이 주는 상처보다 치명적입니다.

상처가 나도 상처인 줄 모르고, 아파도 아픈 줄 모르니 치료해야 되는 건지도 모르기 때문입니다.

나에 대한 부정적인 생각은 부정적인 감정이라는 화살이 되어 되돌아옵니다. '간단한 일도 나는 왜 잘 해내지 못할까?'라고 책망하면 우울한 감정이 찾아오고, '나는 왜 인간관계에 서툴까?' 하고 불만 품으면 소외감을 느낍니다. 자신에게 문제가 있기 때문에 우울하고, 불안하고, 외로운 거라고 스스로를 향해 또 한 번 더 화살을 쏩니다. 우울과 불안, 외로움을 느끼는 건 '내가 나약하기 때문이야'라고 꼬리표를 달고, 스스로를 나쁜 사람이라고 판정해버립니다.

우울한 감정을 느낀다는 것은 삶이 버겁고 힘겹다는 뜻입니다. 미래에는 더 나은 내가 되고 싶기 때문에 불안감을 느끼는 겁니다. 감정은 변화를 촉구하는 메시지입니다. 이대로 가면 무너지거나, 퇴보하고 말 테니 다르게 행동하라고 마음에서 신호를 보내는 겁니다.

감정은 인생의 방향을 가리키는 표지판입니다. 우울하다고 집에만 있는 건, 불안하다고 아무것도 시작하지 않는 건, 표지판을 잘못 해석한 것입니다. 감정의 표지판에는 '길이 험하니 주의하며 가라'라는 표지가 그려져 있는데, '이곳은 막다른 길이니 돌아가라'라는 뜻으로 잘못 읽은 거죠. 그러면 삶이 방향을 잃습니다. 감정이 기껏 인생의 방향을 가리켜 주었는데, 오독해서 엉뚱한 곳으로 가게 됩니다.

나쁜 감정이란 없습니다. 행복, 기쁨, 평온 같은 긍정적인 감정도 우울, 분노, 실망 같은 부정적인 감정도 그 자체로 모두 옳습니다. 인간이기 때문에 감정을 느끼는 것이고, 감정을 느낀다는 건 살아 있다는 증거입니다. 내가 나에게 상처 주지 않기 위해, 상처를 키우지 않기 위해, 우리는 우리의 감정을 잘 이해해야 합니다. 감정이 찾아오는 건 막을 수 없지만, 그 감정을 어떻게 해석하고 받아들일지는 내가 선택하는 것입니다.

이 책에는 우울하고, 불안하고, 답답한 감정들과 다

정하게 지낼 수 있는 방법들이 담겨 있습니다. 누구나 일상에서 쉽게 실천할 수 있는 실용적인 것들입니다.

감정을 다스리고, 자신을 위로할 줄 알아야 거친 풍파가 몰아치는 인생을 우리는 잘 살아낼 수 있습니다. 한겨울에 챙겨 입는 내복처럼, 한여름에 바르는 선크림처럼 이 책에 담긴 처방들이 널리 활용되기를 소망합니다.

서초동 작은 의원에서

김병수

… 차례

3장 태도를 바꿔야 마음도 바뀐다

4장 마음이 힘들 땐 몸부터 움직여라

5장 있는 그대로의 나를 사랑하자

6장 나를 믿어주는 순간 인생이 바뀐다

1장

나를 아프게 한 건 항상 나였다

나를 미워하면 온 세상은 적이 된다

현실이 주는 스트레스도 버거운데,
스스로 부과하는 스트레스까지 떠안지는 말아야 합니다

스스로 강해질 거라고 아무리 외쳐도 말처럼 되지 않습니다. 세상이 나를 가만히 내버려 두지 않습니다. 세상을 부정적으로 보는 것이 아니라 실제로 세상이 우리를 자주 불안하고 우울하게 만듭니다. 현실이 그렇지 않나요? 일자리를 구하기 어렵고, 사람에게 배신당할까 두렵고, 끊임없이 내일에 대비해야 하는 불안한 현실을 생각하면 마음을 아무리 강하게 먹어도 버티기가 쉽지 않습니다.

예전에 캐나다 모 대학 교수님께서 자신이 집필한 책 한 권을 제게 보내주셨는데요. 《무한경쟁이 대한민국을 잠식한다》라는 제목의 책이었습니다. 한국 사회가 점점 더 살기 힘든 곳으로 변해 가는 것이 이윤과 경쟁, 효율을 지나치게 강조하기 때문이라고 하더군요. 이윤 추구, 좋습니다. 그런데 이윤을 추구하는 방식이 기술 혁신이 아니라 인건비 절감을 통해 이루어진다면 아무리 이윤이 늘어나도 사회 구성원들은 행복해지기 힘들겠지요.

경쟁도 마찬가지입니다. 인간 사회에서 경쟁은 늘 존재했습니다. 경쟁은 필요합니다. 경쟁이 발전을 이끄는 동력이 된다는 것을 부인할 수 없습니다. 하지만 경쟁이 지나치면 생존을 위협할 수밖에 없습니다. 경쟁에서 이기는 것만이 목표가 되면 경쟁에서 밀려 낙오된 사람을 보듬을 수 없습니다. 이렇게 되면 경쟁에서 이기고도 '나중에 뒤처지면 어쩌나' 하고 불안해집니다.

효율이라는 것도 지나치게 강조하면 인간 스스로가 괴로워집니다. 효율은 쉽게 말하면 단위 시간당 생산성이거든요. 짧은 시간에 더 많이 일할수록 효율적이라고 하지요. 정해진 시간에 더 많이 생산하려면 일하는 사람들을 쥐어짜야 합니다. 효율은 증가하지만 일하는 사람의 정서적 고통은 커집니다. 더 고통받는다고 월급을 올려 주지는 않지요. 얼마나 쉬지 않고 일했느냐가 아니라, 그래서 얼마나 가시적인 성과를 냈느냐만 결과에 반영되지요. 효율만 강조하는 세상에서는 사람이 얼마나 괴로웠는지, 얼마나 부담을 느꼈는지는 애초부터 고려의 대상이 아닙니다.

이런 세상에서 마음 편하게 살기란 어렵지요. 아니, 불가능합니다. 그러나 현실이 어려울수록 마음 단단히 붙들어야 합니다. 이런 현실에서 자기 마음을 스스로 더 괴롭게 만들지는 않아야 합니다. 내 탓이 아닌 일인데도 자신이 부족하거나 문제가 많다며 스스로를 비난하거나 폄하하지 않아야 합니다. 자신을 불신할 때 우울증이 생기고 불안장애에 시달립니다.

'자기 비난self criticism'이라는 색안경을 쓰면 모든 것이 왜곡되어 보입니다. '나는 안 돼! 나는 바보 같아!'라는 말이 마음속에서 계속 울린다고 생각해 보세요. 그 자체로도 괴롭지만 조금만 힘든 일이 생겨도 쉽게 무너지고 맙니다.

'내가 좀 더 잘난 사람이었으면', '왜 나에게만 이런 일이 생길까?', '내 성격에 문제가 있는 거야', '더 나은 사람이 되어야 할 텐데' 하는 내면의 소리도 자기 비난과 똑같습니다. 언뜻 들어서는 더 나은 사람이 되려고 노력하는 태도처럼 여겨지겠지만 자기를 비난하는 것과 마찬가지입니다. '지금의 나로는 안 돼' 하는 생각은 있는 그대로의 자기 모습을 부정하는 것이니까요.

자기 비난에 빠지면 있는 그대로를 보지 못합니다. 제대로 관찰할 수 없게 돼요. 주어진 과제의 마감일을 깜빡 잊어버렸다고 해봅시다. 이런 상황에서는 누구나 스트레스받고 우울할 수밖에 없습니다. 이건 자연스러운 반응입니다. 그런데 이런 일 뒤에 '나는 안 돼. 무능한 인간이야' 하고 스스로에게 말한다면 괴로움은 더 커질 수밖에 없겠지요. 자신감도 사라지고 우울감만 깊어집니다.

최선을 다해도 실수하기 마련입니다. 그런데 조금만 일이 잘못되어도 '나는 왜 이렇게 모자란 걸까. 왜 완벽하지 못할까. 아무리 노력해도 안 되나 봐' 하고 생각한다면 현실이 주는 스트레스에 스스로 부과하는 스트레스까지 떠안아야 합니다. 더 무거운 스트레스를 감당해야 합니다. 열심히 살수록 우울해지고, 내 삶을 버티는 힘마저 점점 줄어들고 맙니다.

감정을 외면하면 상처가 된다

감정을 마주하기 싫어서 술이나 쇼핑, 게임에
의존하는 것은 아닌지 점검해 봐야 합니다

"요즘 자꾸 짜증이 나요. 사소한 일에도 화를 내고요."

이런 문제로 상담을 신청하는 분이 많습니다. 그러면 왜 짜증이 나는지 알아야 하니까 이것저것 질문을 합니다. 무슨 일을 하고, 어떻게 생활하는지, 가족이나 친구 관계는 어떤지, 최근에 무엇 때문에 스트레스받았는지, 술은 얼마나 마시고 운동은 자주 하는지까지 세세하게 들여다보려고 합니다.

마음속 깊이 숨겨진 무의식도 중요하지만 지금 현

재 생활이 어떤지 먼저 알아야 합니다. 일상생활을 들여다보면 무의식까지 헤집고 들어가지 않아도 화가 나고 예민해질 수밖에 없는 원인이 하나둘씩 드러나게 마련입니다.

화가 조절되지 않는 원인은 대부분 스트레스 때문입니다. 밥 먹듯 야근해서 피로가 누적된 데다가 배우자와도 갈등이 있는데, 이걸 해결하지 않고 놔둔 채 술로 달래려다 보면 감정은 예민해질 수밖에 없습니다. 사소한 말 한마디에 민감하게 반응하고, 특별한 일이 없는데도 옆 사람에게 신경질을 부리게 됩니다. 이렇게 살면 성인군자라도 분노를 조절하기 어렵습니다.

물론 마음속 깊은 곳에 있는 무의식이나 성장 과정, 부모와의 관계도 충분히 이해하면서 그 안에 문제가 있다면 같이 다루어 나가야 하겠지요. 하지만 당장의 스트레스를 줄이고, 스트레스를 키우는 요인을 제거하는 것이 먼저입니다.

이런 문제를 가진 사람에게는 다음과 같이 조언합니다. “당분간 최대한 술을 줄이세요. 끊으면 제일 좋고요.” “당신이 하는 일들을 쭉 한번 적어 보세요. 그리고 그 일들의 우선순위를 정해 보세요. 우선순위에서 맨 아래에 있는 20%의 일들은 당분간 신경 쓰지 말고 그냥 놔두세요. 그렇게라도 일을 조금 줄이세요. 스트레스 때문에 힘들어도 운동을 해야 해요. 가벼운 운동이라도 하면서 몸으로 스트레스를 풀어 줘야 해요.”

이렇게 말하면 의뢰인이 표정으로 대꾸합니다. ‘야, 그건 나도 다 아는 이야기야!’ 아예 대놓고 “그런 뻔한 조언 말고 바로 효과를 볼 수 있는 치료법은 없나요?” 라고 말하는 이도 있습니다. 어떤 사람은 “내 문제는 나도 다 알아요. 그냥 화만 안 나게 고쳐 주세요. 화를 없애는 약이라도 있으면 좀 줘보세요!”라고 처방을 달라고 합니다. 자기 문제는 들여다보지도 않은 채 무조건 해결책을 내놓으라고 합니다. 무엇보다 중요한 것은 내 모습, 내 생활, 내 태도, 내 마음을 있는 그대로 관찰하는 것인데 진짜 문제는 보려고도 않고 엉뚱한 곳에서 답을 찾으려고 합니다.

이래서는 아무것도 해결할 수 없습니다. 의사도 소용없습니다. 이런 일이 반복되면 나중에는 애먼 가족에게 버럭 화를 터뜨리고, 약한 후배를 괴롭히게 됩니다. 엉뚱한 곳에 감정을 투사하게 됩니다.

술로 스트레스를 푼다는 말처럼 어리석은 것이 없습니다. 일과를 끝낸 저녁, 기분 좋게 마시는 술 한잔이 하루 동안 쌓인 스트레스를 풀어 주기도 합니다. 하지만 술로 진짜 문제를 회피하려고 하는 것은 아닌지 확인해야 합니다. 있는 그대로의 자기 자신을 보지 않으려고 술에 의존하는 것은 아닌지 생각해야 합니다.

술 말고도 마음의 문제를 회피하려는 사람이 자주 하는 행동들이 있습니다. "스트레스받을 때마다 쇼핑하러 가요." "스트레스받을 때마다 침대에 그냥 누워 있어요." "스트레스받을 때마다 게임해요."

물론 이런 행동들이 기분을 전환하고 쌓여 있는 부정적 감정을 조금이나마 해소할 수 있게 도와주기도 합니다. 하지만 너무 큰 효과를 기대해서는 안 됩니다. 무엇보다 이런 것들로 진짜 중요한 문제를 회피하고 있는 것은 아닌지 확인해야 합니다. 똑바로 바라봐야 하는 것이 있는데, 그것과 마주하기 싫어서 술이나 쇼핑, 게임에 의존하는 건 아닌지 점검해 봐야 합니다. 실제로 이런 경우가 많습니다. 이런 행동을 '심리적 회피 psychological avoidance'라고 일컫습니다.

이제는 조금 식상한 비유가 되어 버렸지만 심리적 회피를 이야기할 때 타조가 되지 말라고 이야기합니다. 타조는 사자를 보면 모래 웅덩이 속에 머리만 콕 박아 버린다고 하지요. 어디로 도망가야 할지 주위를 둘러봐야 하는데 모래 속에 머리만 숨긴 채 사자만 보지 않으면 되는 것인 양 행동한다고 합니다.

안타깝지만 사람도 종종 타조처럼 행동합니다. 나는 아니라고 자신 있게 말할 수 있는 사람은 없을 것입니다. 이제부터라도 타조가 되지 않겠다고 생각해야 합니다. 내 마음, 감정, 행동을 잘 들여다보는 것, 즉 나를 관찰하는 것이 가장 먼저입니다.

애쓰지 않아야 문제가 풀린다

피할 수 없는 상황을 밀쳐 내거나
불쾌한 감정을 거부할수록 고통만 커집니다

과녁을 들고 앉아 있는 군인의 모습이 담긴 사진을 인터넷에서 봤습니다. 군인은 총알 자국이 선명하게 난 과녁을 두 팔로 들고 작은 의자에 쪼그리고 앉아 있었습니다. 이 사진을 보면서 생각했습니다.

'어쩌면 현실에서 살아간다는 건 이 군인의 심정과 같겠구나. 총알이 무섭다고 과녁을 내팽개치고 도망갈 수 있을까?'

절대 그러지 못할 것입니다. 군기가 단단히 들어서가 아니라 '집에 가면 부양할 가족이 있고, 집세도 내야 하고, 카드값도 갚아야 하고, 돈 모아서 노후 준비도 해야 되는데 무섭다고 하던 일을 내팽개칠 사람이 과연 얼마나 될까!' 하고 생각했습니다. 스트레스의 본질이 무엇인지를 잘 설명할 수 있는 사진이라고 생각했습니다.

스트레스란 자기 행동을 스스로 결정할 권한이 없다고 느낄 때 생기는 것입니다. 자신에게 통제 권한이 없다고 느낄 때 스트레스라고 지각합니다. 현재 상황을 변화시킬 수 있는 능력이나 권한이 없다고 인식하기 때문에 스트레스를 느끼는 겁니다. 이런 상태를 두고 통제의 소재가 외부에 있다고 일컫습니다.

사장이 밤새도록 일하면서 받는 스트레스와 말단 직원이 상사의 지시 때문에 어쩔 수 없이 밤새우며 느끼는 스트레스가 다른 것은, 사장은 자기 의지대로 일을 조절할 수 있다는 믿음이 있지만 말단 직원은 그럴 권한이 없다고 지각하기 때문입니다. 자신이 처한 상황을 통제할 권한이 있느냐 없느냐 하는 것에 따라 스트레스가 될 수도, 그렇지 않을 수도 있는 겁니다.

살면서 겪는 고통에는 해결책을 쉽게 찾을 수 없거나 방법을 알아도 실천할 수 없는 경우가 많습니다. 문제의 근원을 파고들다가 엉뚱한 결론에 다다르기도 합니다. '이렇게 된 것은 다 그 사람 때문이야', '내가 그때 실수만 하지 않았어도 이런 일이 생기지 않았을 텐데' 하며 자신과 다른 사람을 탓합니다. 이렇게 해봐야 실타래처럼 엉킨 인생의 문제가 풀릴 리 없습니다.

억지로 바꾸려 하지 말고 있는 그대로 기꺼이 받아들일 줄 아는 힘이 필요합니다. 피할 수 없는 상황을 밀쳐 내거나 불쾌한 감정을 거부할수록 고통만 커집니다. 스트레스를 받아들이고 마음을 온전히 들여다보면 고통은 줄어듭니다. 해결할 수도 없는 원인을 따지려 들지 말아야 합니다. 자신과 타인을 향한 비난을 멈춰야 합니다.

우울한 기분이 든다면 생각을 멈춰라

생각에 지배되어 행동하는 것은
정신줄을 놓은 상태에서 운전하는 것과 같습니다

우울한 사람들의 심리에는 자신의 가치를 존중하지 않는 '4D'가 숨어 있습니다. '패배했다Defeated, 결함이 있다Defective, 버림받았다Deserted, 박탈당했다Deprived'는 생각이 지배적이면 '나는 패배자가 아니고, 결함이 있는 사람도 아니야'라는 것을 증명하려고만 애쓰게 됩니다. 스스로 문제없음을 증명하는 데만 골몰하게 됩니다.

그러다 조그만 실수라도 하면 '아, 역시 나는 이 정도밖에 안 되는 인간이었어. 사람들은 이런 나를 싫어할 거야. 나는 버림받게 될 거야'라는 부정적 생각에 빠져들게 됩니다. 그리고 또다시 우울해집니다.

자신을 귀하게 여기지 않으면 아무리 성적이 잘 나오고, 좋은 곳에 취직해서 사회적으로 성공해도 만족하지 못합니다. 겉으로는 잘나 보여도 속으로는 자신을 존중하지 않는 사람은 채워지지 않는 공허함 때문에 홀로 자신을 대면해야 하는 밤 시간을 두려워하게 됩니다. 술에 의지해 자신을 지우려고 합니다.

이런 사람은 돈으로, 사회적 지위로, 권력으로 자신을 과시하려고 듭니다. '허위 존중pseudo-esteem'에 매달리게 됩니다. 사회적 지위와 권력, 명품이나 돈, 허세에 매달리는 것이지요. 있는 그대로의 자기를 사랑하는 것이 아니라 그럴듯해 보이는 무언가로 치장하려고 합니다. 그것이 자신을 돋보이게 만든다고 착각하면서요. 하지만 허위 존중은 쉽게 무너지고 사라집니다.

우울한 사람들의 심리를 이야기하다 보니 '반추'라는 것에 대해서도 설명해야겠습니다. 우울이나 불안에 깊이 빠져드는 사람들의 공통적인 심리 기제 가운데 반추라는 것이 있는데요. 소가 음식을 되새김질하듯 생각을 곱씹는 것을 말합니다.

집에 계시던 할머니가 카펫에 걸려 넘어져 다리가 부러진 상황을 상상해 봅시다. 이런 상황이라면 '할머니를 빨리 병원으로 모시고 가야지. 어떻게 모시고 가지? 구급차를 부를까? 내 차로 갈까? 다른 곳은 다친 데가 없을까?'라는 생각을 해야 할머니에게 도움이 되겠지요.

그런데 반추에 빠진 사람은 '내가 왜 카펫을 이렇게 놓았을까? 내가 할머니를 제대로 돌봐 드리지 못해서 이런 일이 생겼어'라는 생각에 빠져들면서 자신을 비난합니다. 이미 일어난 일을 되새기며 어떻게 할 수 없는 것만 반복해서 생각합니다.

이런 생각은 다친 할머니를 돕는 데 하나도 도움이 되지 않을 뿐 아니라 자신도 괴롭게 만듭니다. 감정만 상하게 되고요. 생각에 빠져서 일을 제대로 처리하지 못하게 됩니다. 우울하거나 불안하다면 반추에 빠져 있는 것은 아닌지, 자기 마음을 잘 관찰해야 합니다.

생각에 휘둘리는 것이 아니라, 생각을 관찰해야 합니다. 생각 속에 빠져들거나, 다른 사람과 비교하거나, 결과에 대해 쉽게 평가 내리려는 마음이 들거나, 옳고 그름을 강하게 따지고 싶어진다면 더 이상 생각으로 파고들어서는 안 됩니다.

이런 경우라면 생각이 감정에 의해 왜곡되어 있을 가능성이 큽니다. 불안하고 우울한 감정은 생각을 더 부정적인 쪽으로, 더 비관적인 쪽으로 비틀어 놓습니다. 감정이 생각을 바꾸고, 생각이 감정을 더 강하게 만듭니다. 우울하면 우울한 생각이 많아지고, 불안하면 불안한 생각만 머릿속에 꽉 찹니다. 이런 생각이 나쁜 감정을 강화시킵니다.

더군다나 생각 속으로 파고들면 인생이라는 길에서 운전을 제대로 할 수 없게 됩니다. 생각에 빠져서 제대로 된 길을 갈 수 없습니다. 생각에 빠져 있으면 주의가 산만해지고 사고 나기 쉽습니다. 생각에 지배되어 행동하는 것은 정신줄을 놓은 상태에서 운전하는 것과 같습니다. 그러다 가드레일에 부딪히고 맙니다.

상처는 그냥 사라지지 않는다

괴로운 감정은 없애는 것이 아니라,
정리해서 내 것으로 만들어야 합니다

"굳이 아픈 기억을 다시 끄집어낼 필요가 있을까요? 말한다고 달라질 것이 없잖아요. 그냥 마음에 꾹꾹 눌러 놓고 살래요."

트라우마를 겪고 마음의 상처가 아물지도 않았는데 그것을 꺼내지 않은 채 마음에 눌러 놓으려는 사람을 자주 봅니다. 과거의 상처가 현재의 삶을 발목 잡고 있는데도 억누르려고 합니다. 미래를 향해 에너지를 써야 하는데, 과거의 일을 없는 것으로 만드는 데 힘을 부질없이 낭비합니다. 과거가 나를 붙잡고, 앞으로 나아갈 의지마저 꺾어 놓고 맙니다.

과거의 상처는 내면 깊숙한 곳에 숨어 있다가 비슷한 일이 생길 때마다 다시 튀어 오릅니다. 자기도 모르게 거친 말을 내뱉고 감정이 폭발합니다. 과거의 상처에 고착되어 있는 사람은 쉽게 그 이야기를 털어놓지도 못합니다. 그렇게 감춰진 상처는 깊어져만 갑니다.

이해할 수 있습니다. 고통의 기억을 다시 꺼낸다는 것은 그것을 또 경험하는 일이고, 다시 아픔을 겪는 일이니까요.

불쾌한 기억과 감정은 억누른다고 사라지지 않습니다. 더러워진 이불을 쳐다보기 싫다고 제대로 빨지도 않은 채 이불장에 아무렇게 집어넣고 문을 닫아 버리는 것과 같습니다. 이렇게 구겨넣은 이불은 이불장 밖으로 쉽게 나옵니다. 보기 싫은 이불이 쏟아지지 않도록 항상 두 팔로 문을 밀어서 닫고 있다고 생각해 보세요. 얼마나 힘이 들까요. 꼼짝도 못 하고 이불장 앞에만 있어야 할 겁니다.

아픈 기억과 감정을 무조건 억누르는 것도 이런 모

습과 똑같습니다. 괴롭더라도 이불장을 열고 더러워진 이불을 꺼내야 합니다. 깨끗이 씻어서 차곡차곡 정리해 다시 집어넣어야 합니다. 그러면 이불이 이불장 밖으로 쏟아질 일도 없습니다. 괜히 힘을 빼지 않아도 됩니다. 두려워하지 않아도 됩니다.

고통스러운 감정을 이야기로 만들어야 합니다. 이불을 정돈하는 것처럼 이야기로 감정을 정리해서 마음속에 다시 집어넣어야 합니다. 고통스러운 감정도 언어로 표현하면 밖으로 나가게 됩니다. 말을 통해 밖으로 내보내고 새로운 이야기가 마음에 들어오면 치유됩니다. 괴로운 감정은 없애는 것이 아니라 정리해서 내 것으로 만들어야 하는 것입니다.

어떤 랍비가 자신의 할아버지에 대한 이야기를 들려주었습니다.

"나의 할아버지는 절름발이였다. 어느 날 할아버지는 그의 스승에 대해 이야기해 달라는 부탁을 받았다. 할아버지는 스승이 기도하고 있는 중에 그가 어떻게 뛰며 춤추었는지 이야기했다. 할아버지는 이야기하면서 일어섰고, 이야기에 너무나 푹 빠져서 과거에 스승이 어떻게 했는지 보여 주려고 뛰고 춤추기 시작했다."

절름발이 할아버지는 과거를 이야기하며 더 이상 발을 절지도 않고 뛰며 춤추었다고 합니다. 이것이 이야기의 힘입니다. 우리가 할 수 있는 것은 이미 일어난 일을 다른 관점으로 바라보고, 고통스러웠던 경험을 다르게 이해하고 느끼는 겁니다. 그리고 그 속에서 의미와 교훈을 찾아야 합니다. 이렇게 할 수 있다면 괴로움에서 벗어날 수 있습니다. 미래에 비슷한 일을 겪더라도 꿋꿋이 견딜 수 있게 됩니다.

우리는 비정상이라서 정상이다

정상이라는 기준에 집착하지 말아야 합니다

"내가 정상인가요? 이렇게 괴로운데 비정상인 거죠?" 상담을 하다 보면 이런 질문을 자주 받습니다. 부부 싸움이 잦은 부인이 찾아와 "남편과 나, 둘 중에 누가 정상인가요? 선생님이 보기에는 누가 정상인가요?"라며 정상과 비정상을 가려 달라고 하기도 합니다. 제가 무슨 판사도 아닌데 말이지요.

정신의학에서는 정상과 비정상을 가르는 것이 쉽지 않은 경우가 많습니다. 마음의 문제에서 정상과 비정상을 가르는 것은 어려운 쟁점입니다. 아주 오래된 질문이기도 하고요. 정신의학에서 정상은 규정하기 어려운 개념 중 하나입니다. 일반적으로 정상성normality을 다음의 다섯 가지 기준으로 규정합니다.

첫 번째가 통계적 정상입니다. 자연과 인간에 관한 속성들은 평균을 중심에 두고 좌우로 흩어지며 (가장자리로 갈수록 줄어들면서) 분포합니다. 통계적 모형에서는 평균에서 한 단위 혹은 두 단위 표준편차 밖에 있으면 그것을 흔히 일어나지 않는 현상이라고 보고 비정상으로 간주합니다.

그런데 정신 증상은 평균 분포를 정확히 알 수 없습니다. 그것을 안다고 해도 중심에서 얼마나 떨어져야 비정상이라고 할지 함부로 규정하기 힘듭니다. 통계적으로 흔하게 관찰되면 정상이고, 그렇지 않으면 비정상이라고 간주한다면 매우 위험하겠지요.

두 번째는 주관적 고통을 기준으로 한 정상입니다. 정신적 고통이 없으면 정상이고, 그렇지 않으면 비정상일까요? 그렇지 않지요. 마음이 건강해도 누구나 한두 가지 괴로움은 갖고 삽니다.

스트레스 때문에 미칠 것 같다며 찾아오는 사람들을 상담해 보면 정신 질환이 없는 경우가 많습니다. 자신은 정상이라고 목청 높이는 사람 중에 증상을 숨기고 있는 경우가 많습니다. 문제가 심각한데도 자신은 멀쩡하다고 여기며, 오히려 주변 사람들을 괴롭히기도 합니다. 대표적인 예가 '반사회적 인격장애antisocial personality disorder'입니다. 주관적 고통이 있느냐 없느냐를 정신 건강의 기준으로 삼기에도 분명 한계가 있습니다.

사회문화적 기준에 따라 구분할 수도 있습니다. 사회가 정상과 비정상을 어떻게 규정하느냐에 따라 정신 건강의 기준도 달라지는 거지요. 사회에 순응하면 정상으로, 그렇지 않으면 비정상으로 판단하는 겁니다.

이상적 관점에 따라 정상이냐 아니냐를 가를 수도 있습니다. 우리가 이상적이라고 여기는 상태와 부합하면 정상, 그렇지 않으면 비정상이라고 규정하는 거지요.

그런데 세상에 완벽한 인간이란 존재하지 않습니다. 콤플렉스는 누구에게나 있고 열등감이 없는 사람은 없습니다. 사람은 누구나 정상과 비정상의 경계를 넘나듭니다. 이상적 관점에서 보면 우리는 모두 비정상입니다.

마지막으로 임상적 관점에 따라 정상과 비정상을 판단할 수 있습니다. 진단에 부합하는 정신장애가 있으면 비정상, 없으면 정상으로 규정하는 거지요.

그런데 실제 임상에서는 정신장애가 있느냐 없느냐 하는 것을 쉽게 구분하기 어려울 때가 많습니다. 정신의학적 증상 몇 개가 한꺼번에 나타나야 진단 기준을 충족하는지 불분명한 경우도 많고, 진단 기준의 경계에 있는 경우도 많습니다. 직업적으로나 대인 관계적으로 유의미한 기능 손상이 있어야 정신장애가 있다고 진단하는데, 이것 또한 모호한 경우가 많습니다. 언어로 기술된 기준은 명확해 보여도 실제 임상에서 정상이냐 아니냐를 판단하기 어려울 때가 많습니다.

결함은 누구에게나 있다

있는 그대로의 마음을 인정하는 게 중요합니다

마음을 아무리 건강하게 붙들고 있으려 해도 트라우마를 받으면 누구나 휘청거릴 수밖에 없습니다. 경쟁이 치열하고, 생존 위기를 느끼고, 어떻게 살아야 할지 확신할 수 없는 혼란스러운 세상에 산다면 사는 것 자체가 스트레스입니다. 이런 상황에서 불안하지 않다면 그게 비정상입니다. 정신이 건강하다는 것이 곧 마음이 편안하다는 의미는 아닙니다. 정신 건강은 본래 평온과 거리가 멉니다.

프로이트는 이렇게 말했습니다. 우리는 모두 약간씩 신경증적인 요소를 품고 있다고 말이지요. 신경증은 인간 존재의 한 부분입니다. 정신분석학에서는 정신 건강이라는 개념 자체가 없습니다. 누구나 어느 정도의 불안과 우울을 갖고 있기 때문입니다. 이런 감정을 느낀다는 것은 살아 있다는 증거입니다.

정상의 기준을 바꿔야 합니다. 이상하게 들릴지 몰라도 '정상이냐 그렇지 않으냐'에 집착하지 않아야 합니다. 정신의학에는 회색 지대가 많습니다. 섣부르게 판단하면 오류가 생깁니다. 불확실성이 항상 내재하기 때문입니다. 성급하게 정상인지 아닌지 확실하게 판단해 달라고 하면 오판할 가능성이 큽니다.

증상이 심하지 않을수록 함부로 판단하면 안 됩니다. 정상이지만 마음이 아플 수도 있고, 비정상이지만 아프지 않을 수도 있습니다. 기분은 정상적으로도 오르락내리락합니다. 감정에 변화가 없다면 그게 문제일 수도 있습니다. 마음에 대한 정상의 기준은 우리가 예상하는 것보다 훨씬 더 넓다는 점을 알아야 합니다.

"내 마음은 커피잔 같아요. 너무 작아요. 던지면 쉽게 깨지고 말아요. 제 마음도 냉면 그릇처럼 컸으면 좋겠어요. 깨지지 않는 마음을 가졌으면 좋겠어요"라고 말하는 사람이 있습니다. 그런데 저를 포함한 대부분의 사람들은 커피잔 같은 마음의 소유자입니다. 냉면 그릇처럼 통 크고, 험한 일을 당해도 깨지지 않는 사람은 매우 적습니다. 위인전에서는 볼 수 있어도 현실에서 이런 사람들은 매우 드뭅니다.

냉면 그릇이 되고 싶다고 갈망할 것이 아니라 지금 있는 그대로의 자신을 사랑하세요. "내 마음이 소주잔처럼 아주 작지 않아 다행이야"라고 위로 삼아도 좋겠습니다.

행복에 집착하면 불행해진다

영원히 행복하고 싶다는 이룰 수 없는 희망이
우리를 더 아프게 합니다

행복이라는 환상에서 벗어나야 합니다. 우리 인류는 이전보다 따뜻한 은신처를 갖게 되었고, 잘 먹을 수 있게 되었고, 쾌적한 환경에서 살고 있습니다. 그럼에도 여전히 행복하지 않다고 말합니다. 쾌락적인 것은 또 얼마나 많습니까. 짜릿하고 즐거운 것이 세상에 널렸지만 우리는 불행에서 벗어날 수 없습니다. 탁월한 능력을 가진 사람도 마찬가지입니다. 돈 많고, 학벌 좋고, 금수저를 물고 태어났어도 마찬가지이지요. 세상 그 무엇도 인생의 고통과 괴로움에서 인간을 자유롭게 만들지는 못합니다.

한국인이 살면서 정신 질환을 겪게 될 확률은 대략 25%입니다. 네 명 중에 한 명은 살다 보면 정신 질환을 한두 번쯤 경험하게 됩니다. 열 명 중에 한 명은 우울증을 경험하고, 두 명 중에 한 명은 자살에 대해 진지하게 생각하게 됩니다. 우리나라 통계가 그렇습니다.

이런 현실에서 항상 즐겁고 기분 좋기란 어렵습니다. 때로는 불행하지만 언젠가 행복할 순간이 올 것이라는 믿음을 갖고 기다릴 수는 있습니다. 하지만 영원히 행복하기를 꿈꾸는 것은 이룰 수 없는 희망입니다. 이런 마음이 우리를 더 아프게 합니다.

눈먼 황소가 길 가던 사람이 채식주의자라고 피해서 가지 않는 것처럼, 스트레스는 우리를 그냥 덮치고 지나갑니다. 나에게 왜 이런 일이 생겼는지 고민하면 화만 납니다. '나는 지금까지 착하게 살았는데, 왜 이런 일이 생겼지' 하고 생각하면 열만 더 받습니다. 내가 착하게 살았다는 것과 충격적인 일이 나를 덮치는 것은 아무런 상관이 없으니까요.

착한 사람에게도 불운이 찾아옵니다. 그런데 안 좋은 일을 겪었다고 그것이 마치 내가 뭔가 잘못해서 그런 것이라고 생각하면 비참해집니다.

스트레스를 받고 있다는 것은 지금의 내 삶이 내가 추구하는 인생의 가치에서 멀어지고 있다는 신호입니다. 자신이 걸어가야 할 방향을 잃어버렸을 때 스트레스를 느낍니다. 해결할 수도 없는 원인을 찾으려고 애쓰기보다는 '내가 추구하는 인생의 가치와 의미는 무엇인가?'를 고민하는 편이 낫습니다. 자신이 삶에서 추구하는 가치가 무엇인지 분명히 알면 고민이나 갈등도 줄어듭니다.

우리는 소란스러운 세상에 살고 있습니다. 성공해야 하고, 집을 장만해야 하고, 돈을 많이 벌어야 하고, 비싼 옷과 차를 살 수 있어야 행복해진다는 이야기에 사로잡힐수록 '무엇을 해야 진짜 행복할 수 있는지'를 알려주는 이야기는 귀에 닿지 않게 됩니다.

'내가 진정으로 소중하게 생각하는 것은 무엇이고, 내 삶의 의미는 무엇이며, 내가 사랑하는 사람은 누구이며, 그들을 위해 할 수 있는 일이 무엇인지'를 알려주는 내면의 목소리에 귀 기울여야 행복을 찾을 수 있습니다.

2장

내 마음을 아는 것이 먼저다

가짜 감정에 속지 마라

애써 외면하고 덮어 둔 감정은 언젠가 더 크게 폭발합니다

세상에서 가장 궁금한 건 사람 마음입니다. '도대체 다른 사람들은 무슨 생각을 하나, 무슨 마음으로 그러한 행동을 할까?' 고민하고 또 고민해도 사람 마음은 다 알 수 없습니다. 그래서 우리는 솔직한 이야기에 그렇게 끌리는지도 모르겠습니다.

왜 남의 마음이 그렇게 궁금할까요? 그건 내 마음이 어떤지 확인하고 싶기 때문 아닐까요. 다른 사람 마음과 견주어 보고는 '내 마음도 그런데' 하며 안심하거나 '어, 지금 나만 우울한가 봐' 하며 자기 마음이 괜찮

은지, 혹은 괜찮지 않은지를 알고 싶은 것이겠지요.

마음은 원래부터 알기 어려운 것입니다. 세상에서 가장 풀기 힘든 수수께끼보다 어려운 것이 마음입니다. "당신 생각을 말해 봐" 하는 건 그나마 낫습니다. 머릿속에 떠오른 생각을 설명하면 되니까요. 생각, 논리, 판단처럼 이성이 작동해서 만들어 낸 것은 말로 풀어내기가 그나마 쉽습니다.

하지만 감정은 무척 어렵습니다. 느낌과 일치하는 단어를 찾지 못하거나 기분을 어떤 말로 설명해야 할지 모를 때가 많습니다. 우울하고 불안하다고 말하지만 마음을 자세히 들여다보면 속에는 다른 감정을 품고 있는 경우도 흔합니다. 공허를 우울로, 무기력을 불안으로 착각하기도 합니다. 행복하다는 말도 사람마다 제각각 다른 느낌을 갖고 이렇게 표현합니다. 어떤 사람은 짜릿하고 황홀해야 행복하다고 느끼지만, 어떤 사람은 안온할 때를 행복이라고 여깁니다.

감정을 표현하지 못한 채 속으로 억눌러야 할 때도 많습니다. 대표적인 예가 '감정노동'이지요. 내가 진짜 느끼는 감정과 겉으로 표현하는 감정이 서로 다를 때, 감정노동을 한다고 합니다. 내 앞에 있는 고객이 부당한 요구를 해도 거부하지 못하고 욕설을 퍼부어도 싫은 내색하지 못하는 것도 감정노동입니다.

이렇게 하려면 정신적 에너지를 많이 써야 합니다. 감정노동이 반복되면 의욕을 잃고 일에 보람을 느끼지 못하게 됩니다. 나중에는 '내가 느끼는 내 감정'인데도 그것의 의미를 잊어버립니다. 마음이 나에게 바라는 것이 무엇인지 알 수 없게 됩니다. 내 마음을 믿지 못하게 됩니다. 이런 불신이 쌓이면 '나'라는 사람의 정체성마저 흔들립니다.

이런 사람들은 진짜 감정을 가짜 감정으로 감추기도 합니다. 강해야 한다는 고정관념에 매달리는 사람은 불안을 느낄 때 화를 냅니다. 화를 내서 자기를 지켜야 할 때 울음을 보이는 사람도 있습니다. 내면에서 느껴지는 진짜 감정을 인정하고 싶지 않은 것이지요. 진짜 감정을 거부하는 것이기도 하고요. 다른 감정으로 진짜를 덮어 버리는 겁니다.

외로움이라는 감정을 느껴서 다른 사람과의 친밀감을 원하지만, 동시에 다른 사람에게 상처받는 것이 싫어서 혼자서도 꿋꿋하다며 친밀감에 대한 욕구를 거부해 버리는 이들도 있습니다. 이런 사람들은 거절당했을 때 느끼는 슬픔을 창피하게 여겨, 거절당할 때마다 화를 내서 창피함이라는 감정을 숨기게 됩니다.

슬픔을 느끼는 것이 부끄럽고 수치스런 일이라 여기는 사람도 있습니다. 이런 사람은 슬플 때마다 감정을 억누르게 됩니다. 다른 사람과 갈등을 겪는 것이 두려워 자기주장을 하지 못하는 사람은 답답함을 느끼게 됩니다. 화를 내야 하는 상황인데도 갈등이 생기는 게 무서워서 '내 잘못도 있으니까 참자'라며 스스로 분노를 삭입니다. 정당한 분노인데도 말이지요.

진짜 감정을 가짜 감정으로 덮으면 일시적으로는 편안합니다. 하지만 언젠가는 솔직한 감정이 더 크게 분출되어 감당할 수 없게 됩니다. 나중에는 '나는 아무것도 표현할 수 없는 사람인가 봐' 하는 생각에 지배당해 무력감에 시달립니다.

감정은 순간이고 기분은 오래 간다

감정, 기분, 느낌의 차이점을 구분해보세요

감정, 느낌, 기분. 비슷한 듯하지만 조금씩 의미가 다릅니다. 그리고 이런 용어도 있어요. 정동과 정서. 모두 다 인간의 감성을 표현하는 말입니다. 우리는 이 말들을 그저 비슷한 의미를 지닌 것으로 섞어 쓰는 경우가 많지요. 특별히 구분하지 않기도 하고, 구분할 필요를 못 느끼기도 합니다. 하지만 이것을 구분할 줄 알아야 마음의 문제를 제대로 해결할 수 있습니다.

감정emotion이란 특정한 외부 자극에 의해 유발되는 내부 반응을 일컫습니다. 정의에 암시된 것처럼, 감정에는 '외부 자극'과 '내부 반응'이라는 두 가지 개념이 들어 있습니다.

외부 자극은 우리가 행복감을 느끼게 하는 '좋은 음악'이나 '아름다운 미술 작품'처럼 감정을 불러 일으키는 외부의 요인들을 말합니다. 감정을 유발하는 외부 자극은 사물일 수도 사람일 수도 있습니다. 날씨일 수도 있고, 음식일 수도 있고, 글일 수도 있어요. 이런 것들이 우리의 내면에서 감정적 반향을 일으키게 되지요.

내부 반응은 감정적인 것만을 의미하지는 않습니다. 신체 반응, 생리 반응, 인지 반응 등 다양하게 나타납니다. 배가 침몰하는 광경을 보고 난 뒤에 가슴이 두근거리고, 우울함을 느끼고, 과거에 좋지 않았던 기억이 떠오르는 것이 내부 반응입니다. 이렇게 감정은 외부 자극에 의해 유발되는 다양한 내부 반응들의 총집합이라고 정의할 수 있습니다.

그렇다면 느낌feeling은 무엇일까요? 이것은 감정을 의식적으로 자각하는 것을 뜻합니다. 감정 반응을 대뇌피질이 지각하고 인식하는 겁니다. 말 그대로, 느끼는 것이지요. '나'라는 사람이 느끼는 것, 그 자체를 말합니다.

감정과 느낌이 어떻게 다른지 물을 것 같은데요. 감정은 동물도 가지고 있어요. 공포 같은 원초적 감정은 동물에게도 존재합니다. 생존하는 데 필수니까요. 그런데 감정을 느낀다는 것은 감정 그 자체와는 다릅니다.

외부의 위험에 대한 공포라는 감정 반응은 동물이나 인간이 모두 갖고 있지만, '그것을 어떻게 인식하고 해석하느냐' 하는 것은 인간만이 갖는 특징입니다. 단순히 '불안해'가 아니라 '과거에 도둑이 들었던 경험'에 비추어 공포를 느끼기도 하고요. 불안해하면서도 '그리 걱정하지 않아도 돼' 하고 스스로를 다독이기도 하지요. 같은 불안이라도 그것을 어떻게 느끼고 받아들이느냐 하는 것은 사람마다 다릅니다.

기분mood은 감정과 어떻게 다를까요? 흔히 같은 말로 알고 있지만, 엄밀히 따지면 의미가 다릅니다. 감정은 조금 전에도 말했지만, 외부 자극에 대한 즉각적인 내부 반응이에요. 그러니 감정은 오래 지속되지 않습니다.

하지만 기분은 달라요. 하루 내내 '마음이 상쾌해' 하고 생각하는 것은 전반적인 기분에 대한 표현입니다. "맛있는 떡볶이를 먹고 나니 기분이 좋아졌다"고 말하는 것은 감정에 대한 표현입니다. 떡볶이를 먹고 난 뒤에 시험 성적이 좋지 않다고 엄마에게 꾸중을 들어 금방 우울해졌다면, 이것 역시 감정 반응이 나타난 겁니다. 이렇게 감정은 즉각적인 데 반해, 기분은 지속되는 특징을 갖습니다.

기분은 감정처럼 특정한 무엇이 아니라 다양한 요소에 영향을 받습니다. 날씨, 햇빛, 호르몬, 온도, 뇌의 상태, 신체 건강 등 기분에는 이런 다양한 것이 함께 영향을 미칩니다. 특정한 무엇 때문에 기분이 바뀌는 것이 아니라 여러 가지 요소가 함께 작용하여 기분을 형성합니다.

정동affect이라는 용어도 있습니다. 이건 좀 생소하게 들릴 수도 있을 것 같은데요. 'affect'라는 영어 표현이 동사로 '영향을 미치다'는 의미인 것처럼, 정동은 주고받는 상호작용을 의미합니다. 내가 다른 사람의 감정에 영향을 주고 다른 사람이 내게 감정 반응을 불러일으키는 상호작용이 포함된 개념입니다. 표정, 행동, 자세, 목소리 등을 통해 정동이 드러납니다.

"친구의 밝은 표정을 보니 내 얼굴에 미소가 피어올랐고, 내 미소를 보고 친구도 좋아했어"라고 말하는 것이 정동입니다. '정동 둔마affective flattening'라는 의학 용어가 있는데요. 우울증 환자의 주된 증상 가운데 하나입니다. 어떤 자극에도 감정 표현이 제한적으로 나타나거나 반응이 아예 나타나지 않는 것을 뜻합니다. 칭찬을 들어도 굳은 표정으로 아무런 감정 반응을 보이지 않는 상태인 거지요.

인간만이
감정을 느낀다

동물도 감정을 갖지만 감정을 읽고 해석하는 것은
인간만이 갖는 특징입니다

감정과 느낌에 대한 이야기를 조금 더 해야 할 것 같습니다. 우리는 감정과 느낌을 자주 혼동합니다. 같은 것으로요. 하지만 다릅니다. 엄밀하게 말하면, 감정은 동물에게도 있지만 느낌은 인간만이 갖는 고유한 속성입니다.

"동물도 감정이 있나요?" 하고 의아해하겠지만, 당연히 동물도 감정을 갖고 있습니다. 가장 원초적 감정인 공포와 불안을 생각해 보세요. 동물이 이런 감정에 더 예민합니다. 어디서 어떤 위험이 닥칠지 모르는 자연환경에서 살아남으려면 공포라는 감정이 발달할 수 밖에 없습니다. 공포와 불안은 생존을 위한 가장 강력한 신호이자 생존을 담보하는 연료입니다. 갑자기 천적이 나타나면 공포라는 감정이 묻지도 따지지도 않고 살기 위해 도망가도록 만듭니다. 반사적으로요.

인간도 마찬가지입니다. 자신이 불안해하는 것은 의식적으로 생각하지 않으려 해도 즉각적으로 불안 반응이 나타납니다. 높은 곳, 날카로운 것, 무서운 동물을 떠올리면 괜히 가슴이 두근거리고 머리카락이 서는 것처럼 말이지요.

인간과 동물의 차이는 감정이 얼마나 분화되어 있느냐, 그리고 그것을 어떻게 느끼고 반응하느냐 하는 데 있습니다. 무엇보다 자기가 느끼는 감정을 언어로 표현할 수 있느냐, 감정을 상징화할 수 있느냐 하는 것이 인간과 동물의 큰 차이입니다.

인간은 감정을 느끼고, 그것을 해석하고, 그것에 어떻게 반응할지 의식적으로 결정할 수 있습니다. 감정은 동물도 갖고 있지만, 그것을 어떻게 해석하고 행동할지를 선택할 수 있는 것은 인간의 고유한 특질입니다. 감정을 언어화하는 것도 마찬가지입니다. 다양하게 자신의 감정을 표현할 수 있는 것, 자신이 느끼는 감정을 적확한 언어로 나타내는 것, 이것은 인간만이 발휘할 수 있는 고유한 능력입니다.

원초적 감정은 동물도 갖고 있지만 행복 같은 복합적인 감정은 인간만 느낄 수 있습니다. 인간의 감정은 매우 다양하게 분화되어 있을 뿐 아니라, 여러 가지 감정이 한꺼번에 모여서 복합적인 감정으로 응집되기도 합니다. 양가감정처럼 서로 모순된 감정을 한꺼번에 경험하기도 합니다.

수치심, 부끄러움, 죄책감과 같은 감정은 인간만이 가지고 있습니다. 이런 감정이 있기 때문에 사람들은 부끄러운 행동을 하지 않게 되고, 잘못을 저지르면 죄책감을 느끼며 사과하고 용서를 구합니다. 감정과 감정에 따르는 행동이 사회를 결속시키는 것이지요. 친밀감이나 사랑 같은 감정도 마찬가지입니다. 이런 감정을 통해 사람과 사람이 만나 연인이 되고, 부부가 되고, 자식을 낳고, 가족을 이루어 사회를 형성하게 되는 것이지요.

감정은 개인을 세상으로 나가게 합니다. 나를 벗어난 세상에 호기심을 느끼고, 나 아닌 대상에 애정을 갖도록 만드는 것도 감정의 역할입니다. 감정이 없다면 인간은 세상과 소통할 수 없습니다.

잘못된 감정은 없다

감정을 바꿀 게 아니라, 감정에 대한 느낌을 바꿔야 합니다

동물의 원초적 감정과 인간이 느끼는 감정의 차이를 이해했다면 자신의 감정을 어떻게 받아들이고 이용해야 하는지에 대한 답도 얻을 수 있습니다.

감정은 그 자체로는 변화시킬 수 없고 억눌러서도 안 됩니다. 모든 감정은 생존하기 위해 필요한 것이니까요. 감정은 우리의 욕구를 만족시키고, 더 나은 삶을 살도록 나에게 신호를 보냅니다. 인간의 모든 감정에는 생존에 필요한 정보가 담겨 있습니다. 배고프면 허기를 느끼고 수분이 부족하면 갈증을 느끼는 것처럼 감정

은 우리가 살면서 무언가를 필요로 할 때 어떻게 행동해야 하는지 가르쳐 주고 그 행동을 할 수 있도록 힘을 줍니다.

그런데 감정을 없애거나 억지로 바꾸려 한다면 어떻게 될까요? 끔찍한 일이 벌어질 겁니다. 감정을 무시하는 건 신호등이 고장 난 사거리와 같아요. 자동차로 뒤엉켜 꼼짝달싹할 수 없게 되어 버리는 것처럼, 감정을 무시하면 우리 마음에도 사고가 일어납니다.

감정이 아니라, 감정에 대한 나의 느낌이 달라져야 합니다. 자신이 느끼는 감정을 현미경이나 프리즘을 가지고 세밀하게 분화시켜 관찰할 수 있어야 합니다. 감정에 대한 해상력을 높여야 하는 것이지요.

'아, 짜증 나'가 아니라 '공부를 해야 하는데, 애인과 데이트도 하고 싶어. 시험 성적이 안 나올까 불안하지만 연인을 떠올리면 마음이 설레. 이 두 가지를 동시에 하려니 시간이 없어. 상반된 두 감정 때문에 어떻게 해야 할지 몰라서 불쾌하다고 느끼는 거구나' 하고 자기 감정을 해독할 수 있어야 합니다. 감정을 뭉뚱그려 받아들이지 말고, 그 속에 담긴 세밀한 감정들을 여러 갈래로 나누어 하나하나 느낄 수 있어야 합니다.

세밀하게 관찰한 감정을 언어로 적확하게 표현할 수 있어야 합니다. "아, 짜증 나. 어떻게 하지?" 하고 자기감정에 대해 툭 던지듯 말하는 것이 아니라 "새롭게 맡은 일을 잘 해내지 못할 것 같아 불안하면서도, 힘든 만큼 잘 해낸다면 뿌듯할 것 같아"라고 감정을 풀어서 설명할 수 있어야 합니다.

"그와 헤어져서 너무 두려워"라고 말하기보다 "헤어지고 나니 그와 함께했던 시간과 추억까지 내 삶에서 사라져 버린 것 같아. 마음에 커다란 구멍이 생긴 것 같아"라고 언어로 상징화해서 표현할 수 있다면 상실의 경험을 받아들이고 이겨 나가는 힘도 자연스럽게 따라옵니다.

그리고 이런 감정에 맞춰 어떻게 행동할지 잘 선택해야 합니다. 불안하고 걱정된다면 긴장을 풀기 위해서라도 '산책이나 해보자' 하고 생각해야 합니다. 시험 때문에 불안하다면 '불안해서 아무것도 못 할 것 같아'가 아니라 '지금 불안한 건 결과가 어떻게 나올지 몰라서야. 조금 더 노력해서 시험을 잘 준비한다면 불안을 느낄 필요도 없어' 하고 감정에 따라 어떻게 행동해야 할지를 스스로 결정할 수 있어야 합니다.

불안하고 긴장된다고 마냥 일을 놓아 버린다면 불쾌감만 커집니다. 감정이 보내는 신호를 읽고서도 그것이 가리키는 방향으로 행동하지 않았으니까요.

감정을 무시하면 삶이 흔들린다

맹물처럼 살면 다른 사람들이 원하는 것에 따라 이리저리 끌려다니게 됩니다

감정을 인식하고 표현하지 못하는 것을 '감정표현 불능증'이라고 합니다. 감정표현 불능증이 있는 사람은 감정을 억누릅니다. 감정을 언어화하지 못합니다. 내면에 쌓인 감정은 신체 증상으로 표출됩니다. 스트레스성 두통이나 위장장애의 원인 중 하나가 감정표현 불능증입니다.

유독 우리나라에 화병 환자가 많은데요. 화병도 감정표현 불능증과 관련이 있습니다. 감정을 드러내지 않고 억눌러야 한다는 전통적인 문화의 영향을 받아서

관습적으로 감정을 숨기게 되는 것입니다.

감정을 솔직히 표현하지 못하고 억누르는 것은 '감정을 있는 그대로 표현하면 다른 사람들이 나를 싫어하게 될 거야' 하는 믿음이 마음 깊은 곳에 숨겨져 있기 때문입니다. 자기감정을 감추고 다른 사람의 감정에 동조하면 상처받지도 않고 싸울 일도 생기지 않을 것이고, 그래서 안전할 것이라는 믿음이 작동하는 겁니다.

감정을 표현하지 않고 사는 것은 무색무취의 맹물처럼 지내는 것이나 다름없습니다. 감정을 드러내지 않으면 당장은 갈등을 피할 수 있고, 얼굴 붉힐 일도 적을 겁니다.

하지만 맹물처럼 살면 다른 사람들이 원하는 것에 따라 이리저리 끌려다니게 됩니다. 다른 사람의 감정에 맞추려고 애쓰게 됩니다. 내가 원하는 곳을 향해, 내 감정이 가리키는 곳을 향해 사는 것이 아니라 타인의 요구에 맞춰 살게 됩니다.

이렇게 살다 보면 '나'라는 존재감은 사라집니다. 자기감정을 스스로 존중하지 않는데 다른 사람이 내 감정을 존중해 줄 리 없습니다. 이런 일이 하나둘씩 쌓이면 '아무도 나를 인정해 주지 않아' 하는 생각이 들고 소외감을 느끼게 됩니다. 서운함을 느끼고 화를 내게 됩니다. 나중에는 자기가 진정으로 원하는 것이 무엇이었는지 잊어버립니다.

감정을 내보낼 줄은 아는데 그 방법에 서툰 사람도 있습니다. 감정을 엉뚱하게 해석하고 적절하지 않은 방식으로 표현하는 것을 '감정 난독증'이라고 합니다. 사실, 감정 난독증은 제가 만든 용어입니다. 공식적인 의학 용어는 아닙니다. 이런 사람을 많이 경험하다 보니, 이런 용어까지 만들어 내게 되었습니다.

감정 난독증이 있는 사람은 우울하면 "오늘따라 유난히 술이 땡기네"라고 합니다. 외로움을 느끼면 "내가 밖에서 고생해서 돈 벌어 왔는데, 반찬이 왜 이 모양이야!" 하고 아내에게 투사합니다. 공허하다는 느낌을 쇼핑에 대한 욕구로 잘못 해석합니다. 허무하고 공허한 느낌이 들 때마다 백화점으로 달려가 명품 구두를 사고, 멀쩡한 휴대전화를 최신형으로 바꿉니다.

명문 대학을 나와서 높은 지위에 오른 사람 중에도 기본적인 자기감정조차 제대로 읽고 표현하지 못하는 사람이 많습니다. 감정을 왜곡하고 삐뚤어진 방식으로 표현합니다. 이런 사람은 타인의 감정도 읽을 줄 모릅니다. 내 감정도 제대로 못 보는데, 남의 감정인들 제대로 알 리가 없지요. 감정 난독증이 있는 사람은 타인의 감정을 쉽게 무시해 버립니다. 상처를 주고도 본인이 그랬다는 것을 알지도 못합니다.

슬퍼할 줄 안다는 건 강하다는 뜻이다

울 수 있는 사람이 진짜 용기를 가진 사람입니다

슬픔을 느끼는 사람이 행복도 느낄 수 있습니다. 불안을 느낄 줄 아는 사람은 미리 조심하고 대비를 철저하게 합니다. 우울을 느끼는 것은 삶에서 소중한 것을 잃어버렸기 때문입니다. 우울은 삶에서 진정으로 소중한 것을 다시 일깨워 주는 신호입니다. 분노도 마찬가지입니다. 자신의 권리를 지키는 힘은 분노에서 나옵니다.

이런 감정 모두를 있는 그대로 받아들이고 가슴에 품을 수 있어야 건강하게 살아갈 수 있습니다. 싫은 감정을 거부하지 않고 받아들일 때 비로소 사는 맛도 느낄 수 있습니다.

"눈물을 흘려서 미안합니다. 울어서 죄송해요"라고 말하는 사람을 종종 봅니다. 다른 사람 앞에서 울면 안 된다고 생각하는 것이지요. 울음은 참아야 하고, 참을수록 좋다고 배운 사람일수록 더 그런 것 같습니다. 하지만 억지로 울음을 참으면 병이 됩니다. 힘든 세상을 버텨 내려면 눈물이 필요합니다. 울 수 있는 사람이 건강하게 버텨 낼 수 있습니다.

그냥 솔직하게 "나 지금 불안하고 힘드니까 당신이 날 좀 돌봐 줘"라고 있는 그대로 부탁할 수 있다면 건강한 사람입니다. 약한 마음을 있는 그대로 인정한 것이고, 거절당할까 두려워서 자기 욕망을 숨기거나 속이지 않았으니까요. 내 마음속의 약하고 부족한 것까지 품어 달라는 욕심을 가리려고 하지 않았으니 오히려 용기 있는 사람입니다.

눈물을 보이며 "나 지금 힘들어"라고 말할 수 있다

면 그 사람은 정신적으로 건강한 것입니다. 눈물을 흘리며 '나를 도와주세요' 하고 신호를 보내는 것이 약하다는 뜻은 결코 아닙니다. 자존감이 높을수록 감정을 억압하지 않습니다. 강한 사람일수록 자기감정에 솔직합니다. 표현을 두려워하지 않습니다. 울 수 있어야 진짜 용기를 가진 사람입니다. 용기 있는 사람만이 세상을 향해 눈물을 보일 수 있습니다.

감정을 받아들이고 느껴 보세요. '감정에 과잉 반응하지 말고 있는 그대로 느껴 보자' 하고 마음먹어 보세요. "비록 조금 불편하더라도 감정은 오고가는 거야. 과거에도 이런 감정에서 잘 헤쳐 나왔잖아. 감정은 내게 도움이 되는 걸 알려주려고 하는 거야" 하고 자신에게 말해주세요.

저항하지 말고 받아들여라

나를 미워하느라 에너지를 낭비하고, 고쳐지지 않는 부분을 없애겠다고 쓸데없이 힘을 빼지 않아야 합니다

콤플렉스를 없애고 싶다며 찾아오는 이에게 쓸데없이 힘을 낭비하지 말라고 조언합니다. 정신과 의사가 콤플렉스를 없애 줄 생각은 하지 않고 쓸데없이 힘 빼지 말라고 할 수 있느냐며 역정 내는 분도 있을 것 같습니다.

하지만 제 생각은 다릅니다. 콤플렉스는 없애는 것이 아니라 안고 가는 것입니다. 콤플렉스를 뿌리 뽑는데 힘쓸 것이 아니라 인생의 더 큰 가치를 위해 에너지를 쏟아부어야 한다고 생각합니다.

콤플렉스는 애를 쓴다고 없어지지 않습니다. 마음 독하게 먹는다고 뿌리 뽑히지도 않습니다. "오래오래 정신 상담을 받으면 콤플렉스도 없어지지 않을까요?" 하고 물을 수도 있지만, 저는 이렇게 말합니다. "상담을 오래 받을 정도로 노력할 수 있다면 그 에너지와 시간을 당신의 꿈을 이루기 위해 쓰세요. 그러다 보면 콤플렉스는 저절로 옅어져요."

가수 김창완 씨가 어느 인터뷰에서 이렇게 말했더군요.

"나의 실수, 편견, 부족함까지 내가 나를 못마땅하게 만드는 모든 것들, 그것도 최선의 삶에 다 들어가는 거다. 그런 것들을 싹 빼면 자기 삶이 완벽해질 것 같지만 절대 그렇지 않다. 그런 허접함과 못마땅함이 포함될 때, 그제야 그 삶이 완성되는 것이다."

자기 분야에 헌신하며 살아온 사람들의 이야기에는 언제나 진리가 들어 있습니다. 김창완 씨의 이 말에 저는 온전히 공감합니다. 자신이 느끼는 못난 부분, 부끄러운 부분, 부족하다고 느끼는 부분, 없었으면 좋았을 것들은 사라지지도 않지만 이것이 없었다고 해서 행복해지는 것도 아닙니다. 나의 허접함과 못마땅함이 쏙 빠지면 나란 사람이 더 나은 사람이 될 수 있을까요? 그렇지 않아요. 껄끄러운 내 모습도 모두 안고 살아갈 때 나라는 사람이 완성되는 것이지요.

열등감과 콤플렉스도 마찬가지예요. 그것만 없으면 모든 것이 다 해결될 것 같고 하루하루가 즐겁고 지금보다 자신을 더 사랑하게 될 것 같지만, 사실은 그렇지 않아요. 약하고 부족한 것이 있음에도 불구하고 행복할 수 있고 지금보다 나아질 수 있는 거예요. 약한 것에 집중하는 것이 아니라 내가 가고자 하는 그곳을 향해 에너지를 쏟아부을 때 그렇게 되는 거지요.

나를 못마땅하게 여기고, 바꾸려 애쓰기보다는 있는 그대로의 나를 사랑하는 것이 먼저입니다. 나를 미워하느라 에너지를 낭비하고, 고쳐지지 않는 부분을 없애겠다고 쓸데없이 힘을 빼지 않아야 해요. 내가 나를 있는 그대로 받아들이는 게 가장 먼저입니다.

감정이 지나가도록 길을 터주자

지금 우울하다고, 불안하다고, 외롭다고, 후회에 빠져든다고
잘못 살고 있는 것은 아닙니다

감정을 억누르려고만 하면 어떻게 될까요? 마음이 편해지고 홀가분해질까요? 그렇지 않습니다. 그렇게 되지도 않지만, 그렇게 된다고 해도 마음이 편해지지는 않습니다. 또 다른 괴로움을 맛보게 될 것입니다.

감정은 통제할수록 문제가 생깁니다. 다음과 같은 상황을 상상해 보세요. 길을 가다가 권총을 든 강도를 만난 거예요. 강도가 당신 팔에 불안을 감지하는 센서를 붙이며 이렇게 말합니다. "내가 너에게 권총을 겨누는 동안 불안해하지 않으면 살려 주겠다. 하지만 네가

불안해하면 센서에 불이 들어올 것이고, 그러면 너는 총에 맞아 죽을 거야!"

당신은 이 말을 듣고 마음속으로 주문을 외웁니다. '불안해하지 말자, 불안해하지 말자.' 어떻게 되었을까요? 불안을 없애겠다고 마음을 굳게 먹었으니 불안도 사라지고, 그래서 강도가 당신을 놓아주었을까요? 그렇지 않을 것입니다. 불안해하지 말자고 주문을 외며 억누르려고 할 때 불안을 감지하는 센서가 켜질 겁니다. 주문을 외울수록 더 불안해졌을 것입니다. 불안해하지 말자는 생각이 오히려 불안을 키운 것이지요.

감정은 억제하려고 할수록 증폭되는 속성이 있습니다. '불안해하지 마' 하고 되뇌면 뇌는 '불안'에만 집중하고 '하지 마'라는 말은 무시해 버립니다. 결국 입으로는 불안해하지 말자고 읊조려도 뇌는 '불안'에만 주목합니다.

감정이라는 공을 꾹 눌러 잠시 동안 물속에 밀어넣을 수는 있습니다. 하지만 손에 힘이 빠지면 감정이라는 공은 물 밖으로 튀어나와 버리고 맙니다. 공기가 가득 찬 공을 물속 깊이 넣을수록 더 높이 물 밖으로 튀어 오르듯, 감정도 강하게 억누를수록 솟아오르는 힘도 강해집니다.

마음을 장기판이라고 생각해 보세요. 한쪽에는 부정적 감정이라는 말이 있고, 다른 쪽에는 긍정적 감정이라는 말이 있습니다. 부정적 감정이 나쁘다고 그 말들을 모두 몰아낸다면 장기라는 게임은 아무런 의미도 가질 수 없겠지요? 부정적 감정이 제거되어야만 바람직한 삶이라고 믿는 것은 장기판에서 한쪽 말들을 모두 없애 버리려는 것과 마찬가지입니다. 부정적 감정과 긍정적 감정이 함께 있어야 비로소 삶이 완성되는 것입니다. 어느 한쪽을 몰아내면 삶이 온전히 유지될 수 없습니다.

감정은 자극에 의해 일어나고, 자의적으로 조절할 수 없습니다. 물론 만나는 사람과 자신을 둘러싼 환경을 바꾸면 감정도 변합니다. 경험이 바뀌면 감정도 바뀝니다. 하지만 아무것도 없는 상태에서 스스로 감정을 만들어 낼 수는 없습니다. '좋아, 이제부터 즐거움을 느낄 거야' 하고 마음먹는다고 기분이 즐거워질까요? 사랑, 낙관, 흥미, 용기와 같은 감정 역시 마음먹은 대로 퐁퐁 솟아나는 것이 아닙니다. 감정이 생길 수 있는 상황이나 사건이 있어야 감정이 일어납니다. 감정이 일어나려면 그에 맞는 환경이 필요합니다.

시간이 흐르면 감정도 흘러갑니다. 긍정적 기분은 대체로 20분 정도 지속됩니다. 부정적 기분은 이보다 더 오래 지속되고요. 긍정적 기분을 유지하려면 기분이 좋아질 만한 활동을 자주 해야 합니다. 부정적 기분은 그 성질 자체가 오래 지속되는 것이니 '왜 이렇게 기분이 나아지지 않는 거야' 하며 조급해하지 말아야 합니다.

감정이란 통제하고 없애겠다고 해서 그렇게 되는 것이 아닙니다. 지금 우울하다고, 불안하다고, 외롭다고, 후회에 빠져든다고 잘못 살고 있는 것이 아닙니다. 우울하고 불안하니까 불행하다고 말해서도 안 됩니다. 행복하려면 이런 감정이 모두 사라져야 하는 것도 아니고요. 모든 감정은 인간의 본질 속에 녹아 있는 것이라 절대 없앨 수 없습니다. 다만 우리가 할 수 있는 것은 긍정적인 감정은 더 자주 느끼고 부정적인 감정은 덜 지속되도록 내 마음을 돌보는 것입니다.

좋은 감정도,
나쁜 감정도 없다

놓아두면 감정이 알아서 제 갈 길을 찾아갑니다

마음이 괴롭다고 할 때 어김없이 등장하는 단어가 감정이지요. "감정이 이리저리 내 마음을 휘젓고 다녀서 혼란스러워요. 어떻게 해야 할지 모르겠어요." 감정에 따라 생각도 널뛰고, 감정을 어디다 붙들어 매고 싶어질 때가 있지요. 이럴 때마다 '내 감정을 잘 다룰 수 있었으면' 하고 생각하게 됩니다.

물론 좋은 감정도 있습니다. 하지만 좋은 감정 때문에 괴롭거나 고심하는 일은 없지요. 기쁘면 그 느낌을 즐기면 되고, 행복하면 '아, 행복해' 하고 경탄하면 됩니다. 그런데 우울하고, 불안하고, 화나고, 짜증 나고, 초조하고, 슬프고, 밉고, 두렵고, 공허하고, 허무하고, 외롭다는 감정들은 그 자체로 괴롭기도 하지만 이런 감정이 들 때 어떻게 해야 할지 모른 채 우왕좌왕하기 때문에 문제가 됩니다.

중요한 것은 자기감정을 긍정하는 것입니다. 솟아오르는 감정은 무척 다양합니다. 어떤 감정도 그냥 떠오르지는 않습니다. 모든 감정은 제 나름의 이유와 지향과 목적을 갖고 있습니다. 어느 하나도 소홀히 해서는 안 됩니다. 괴롭더라도 일단 떠오른 감정은 내버려 두어야 합니다. 놓아두면 감정이 제 갈 길을 찾아갑니다. 목적한 바가 이루어지면 그 감정은 사라집니다. 괴롭기만 하던 감정이 힘을 발휘합니다. 감정이 제 길을 찾아가면 인생을 더 풍요롭게 만들어 줍니다.

3장

태도를 바꿔야 마음도 바뀐다

내려놓았다는 착각

정말 내려놓은 사람들은 내려놓았다는 말조차 하지 않습니다

내려놓았다는 말을 참 많이 듣습니다. 자신에게 주어진 모든 고통을 받아들일 준비가 되어 있다는 듯이 말합니다. "이제는 다 내려놓아서 마음 편해졌어요." "돈 욕심을 내려놓았어요." "남자 친구에게 더 이상 기대하지 않으려고요. 마음 비웠어요." 이런 말을 하면서 욕망에 휘둘리지 않을 거라고 말하는 사람을 자주 봅니다. 그런데 내려놓았다고 말하는 사람치고 제대로 내려놓은 사람을 한 명도 보지 못했습니다.

불안이나 우울, 외로움과 두려움처럼 부정적 정서를 있는 그대로 보지 못하는 사람, 볼 용기가 없는 사람일수록 '내려놓았다'는 말의 함정에 쉽게 빠집니다. 감정에 난 상처를 들여다볼 자신이 없기 때문에 더 이상 내 마음에 내려놓을 것이 없다는 핑계를 대며 도망가 버립니다.

충분히 내려놓지 못했는데도 내려놓았다는 것은 '이제 할 만큼 했다'는 자기 합리화입니다. 내 문제는 내가 알아서 할 테니 건드리지 말라고 벽을 쌓아 올리는 것입니다. 나는 잘하고 있는데 다른 사람과 세상이 문제라는 식으로 투사하는 것입니다. 이건 모두 자신을 속이는 겁니다. 진정으로 내려놓지 못했으면서 스스로 그렇다고 믿으면 "나는 다 내려놓았는데, 너는 어떻게 나에게 이럴 수 있느냐" 하며 서운한 감정을 느끼게 됩니다. 다른 사람을 원망하게 됩니다.

정말 내려놓은 사람은 내려놓았다는 말조차 하지 않습니다. 우리는 욕심 많은 인간입니다. 욕심을 쉽게 내려놓지 못하고, 그렇게 하는 방법도 잘 모릅니다. 마음속 욕망을 모두 내려놓는다는 것은 불가능합니다.

내려놓았다고 단정하기보다 "내게는 약한 마음이 아직 남아 있어", "상처가 다 아물지 않았어", "나는 지금도 열망하는 게 있어!"라고 솔직하게 말해야 합니다. 마음이 건강한 사람은 내려놓았다는 말로 자신을 속이지 않습니다.

감정을 많이 쓰면 자아가 고갈된다

고비에서 잠시 멈추는 휴식이야말로
우리를 더욱 성장시키는 힘입니다

"밖에서는 늘 웃는 얼굴로 친절하게 사람들을 대합니다. 다들 저를 보고 친절하다고 하지요. 하지만 가족에겐 오히려 차갑게 대하고, 때로는 상처를 주기도 해요"라고 호소하는 사람을 종종 봅니다. 그러면서 자신이 못된 사람이거나 다중인격자 같다며 겁을 먹습니다.

이런 현상이 일어나는 원인 중 하나가 바로 '자아 고갈'입니다. 근육을 무리해서 쓰면 피로가 쌓이지요. 이렇게 되면 몸을 움직이기 힘들어집니다. 마찬가지로 정신적 에너지가 소진되면 감정 조절, 충동 억제, 의사

결정 능력이 마비됩니다. 자아 고갈 상태에 빠진 겁니다. 자동차 연료가 바닥난 것과 같습니다. 마음을 움직일 수 있는 힘이 하나도 남아 있지 않은 겁니다. 따뜻하게 마음을 표현하려면 마음에 에너지가 충분히 있어야 하는데, 자아 고갈 상태에서는 그렇게 할 수가 없습니다.

마음의 에너지가 고갈되면 수동적이고 자동적인 반응이 많아집니다. 만사가 다 귀찮고, 자발성도 떨어지고, 말도 하기 싫어집니다. 그래서 하던 대로 하게 됩니다. 결정하기도 어려워집니다. 과감하게 무언가를 실행하는 것도 부담스럽게 느낍니다. 과민반응이 일어나기도 하고요. 사소한 것에 짜증 나고 예민해집니다. 그러다 감정이 폭발합니다.

이런 분들은 집에서는 모든 것이 귀찮으니 아무도 자신을 건드리지 않았으면 좋겠다고 말합니다. 밖에서 에너지를 소진해 버렸으니 집에 돌아와서는 좋은 감정을 유지할 만한 에너지가 없는 것이지요. 공부하느라, 친구들과 노느라, 취업 준비하느라 에너지가 소진되어서 사랑하는 가족을 보듬어 줄 수가 없는 겁니다.

약해 빠졌다거나 성숙하지 못해서 그런 것이 아닙니다. 이기적이라서 그런 것도 아니고요. 한 곳에 정신력을 너무 많이 쓰면 다른 곳에 쓸 에너지가 남아 있지 않게 되는 것은 당연한 이치겠지요.

감정노동에 시달리면 자아 고갈에 빠지기 쉽습니다. 항상 웃는 얼굴로 고객을 대해야 하고, 화가 나도 참아야 합니다. 억지로 감정을 통제하려면 많은 에너지가 필요합니다. 육체노동 이상의 정신 에너지를 써야 합니다. 감정노동으로 자아가 고갈되면 집에 와서는 감정 표현이 무뎌지거나 짜증이 늡니다.

하루 종일 직장에서 시달린 맞벌이 부부는 집에 돌아와서 부부 싸움을 더 합니다. 남편이, 아내가 미워서 그런 것이 아닙니다. 마음 에너지가 고갈되어 감정을 조절할 힘이 남아 있지 않아서 그런 겁니다.

평소보다 예민해졌거나, 어떤 사람이 필요 이상으로 자신을 열받게 한다고 느껴지거나, 성욕이나 식욕을 억제하기 힘들다면 자아 고갈 상태가 아닌지 확인해

봐야 합니다. 단순한 일도 결정하지 못하고 갈팡질팡하거나, 일을 자꾸 미루고 있을 때도 자아 고갈 상태를 의심해야 합니다.

이런 상태에 빠진 자신을 두고 '나는 문제 있는 사람'이라며 자책할 것이 아니라 '감정을 억지로 통제하느라 에너지를 다 소진해 버린 것은 아닌가?' 하고 점검해야 합니다.

이럴 때는 건강한 음식을 먹고 충분히 쉬어야 합니다. 대체로 한 달 정도 (이보다 더 긴 시간이 필요할 때도 있어요) 무리하지 않고 휴식을 취하면 회복됩니다. 피로가 누적되거나 과음을 하면 문제가 커지니 주의해야 하고요.

자신을 쥐어짜면 증상은 악화됩니다. 좀 쉬라고 하면 더 불안해하는 사람도 있는데요. 한가하게 자신을 내버려 두고 쉬는 걸 두려워하는 이들이 그렇습니다. 쉬는 게 불안하다면 밖으로 나가 문화생활을 즐기는 것도 좋은 방법입니다. 전시회에 가거나, 새로운 장소를 탐방해 보는 겁니다. 일상의 활력은 유지하되 스트레스받는 일과는 잠깐 거리를 두는, 활동적인 휴식을 취하는 것이지요.

대나무가 곧고 높게 자랄 수 있는 것은 마디가 있기 때문입니다. 심심하게 자신을 내버려 두는 것이 대나무의 마디가 됩니다. 고비에서 잠시 멈추는 휴식이야말로 우리를 더욱 성장시키는 힘입니다.

일과가 끝나면 곧장 집에 가서 소파에 누울 것이 아니라, 저녁 먹고 30분 만이라도 산책하는 것이 좋습니다. 친구와 싸웠다면 그 감정을 그대로 갖고 갈 게 아니라 밖에서 풀고 가는 것이 좋습니다. '좋아하는 떡볶이와 어묵을 먹으며 기분 전환을 하고 나서 집에 들어가야지' 하고 생각해도 좋습니다. 한강 공원에 앉아 강바람을 쐬며 멍을 때려도 좋고요. 백화점에서 아이쇼핑을 해도 됩니다. 감정의 응어리를 집 밖에다 버리고 집에 가면 가족들에게 괜히 짜증 부릴 일도 줄어들 테니까요.

부정적 감정은 쉬라는 신호다

우울함을 느끼는 것은,
'너는 지금 지치고 힘든 상태이니 좀 쉬어야 돼'라는 신호입니다

화가 날 때는 어떻게 풀어야 할까요? 그냥 참아야 할까요? 참으면 병이 된다고 하니 그때그때 푸는 것이 좋다지만 화 날 때마다 그대로 드러내도 문제가 되겠지요.

화는 참는 것도, 푸는 것도 아닙니다. 감정은 자기 마음대로 없애거나 다른 것으로 변화시킬 수 없습니다. '내가 지금 화가 나 있구나. 그래서 내 마음이 괴롭구나' 하고 있는 그대로 바라보고 자신을 다독여 주는 것이 화를 다루는 최선의 방법입니다.

불안과 우울을 무조건 없애야 한다고 생각하지 마세요. “긍정적으로 살아야 돼. 낙관적으로 받아들여”라고 함부로 말하지 않았으면 좋겠습니다. 이건 부질없는 구호에 불과합니다. 행복하려면 부정적인 마음을 없애야 된다거나, 우울하지 않아야 된다고 생각하지 않았으면 좋겠습니다. 불안과 우울은 전부 없애야 하는 감정이 아니라는 것을 이해하면 좋겠습니다.

불안과 우울은 어쩔 수 없이 나타나는 마음의 정상적인 반응입니다. 우울함을 느끼는 것은 내면에서 보내온 ‘너는 지금 지치고 힘든 상태이니 좀 쉬어야 돼’라는 메시지입니다. 에너지 보충이 필요하다는 뜻이 담긴 신호입니다. 유기체는 위험에 처하거나 에너지 소비가 많다고 판단되면 자신을 보호하려는 시도를 합니다. 자기보호 기능이 작동할 때 우울이라는 감정을 느끼게 됩니다.

지금 우울하다면 ‘우울할 수도 있지’ 하고 자기감정을 있는 그대로 인식해야 합니다. 우리가 ‘우울할 수 있다. 우울해도 된다’는 사실을 받아들이면 궁극적으로는 덜 우울해집니다.

인간은 자기 감정을 의지대로 다루지 못하는 나약한 존재입니다. 당장 고통스럽다고 느끼는 그 감정에만 빠져들지 말고, 그럼에도 불구하고 자신이 원하는 곳을 향해 몸을 움직여 나가야 합니다. 그리고 "나는 지금 너무 우울하지만, 그럼에도 불구하고 행복할 수 있어. 행복을 위해 움직여 나갈 거야"라고 말할 수 있어야 합니다. 행복은 우울하지 않다고 찾아오는 것이 아닙니다. 행복은 모든 악조건을 뚫고서 '그럼에도 불구하고' 찾아오는 겁니다.

기분의 기초를 다져라

좋은 기분이 찾아오길 마냥 기다리지 말고,
직접 만들어 가야 합니다

정서는 어떻게 결정될까요? '우울에서 벗어나겠다. 행복해지겠다'라고 마음을 다잡는다고 정서가 저절로 그렇게 바뀌진 않습니다. 생각이 달라지면 기분도 변한다고 하지만 이것도 완전한 진실은 아닙니다. 무력감에 젖어 있을 땐 긍정적으로 사고하기 힘듭니다. 환경 자극에 따라 감정이 달라지기도 하지만 그것보다 근본적으로 영향을 끼치는 건 수면, 식사, 음주, 신체 건강, 운동 습관 같은 생리적 상태입니다.

정서는 '활기-피로'와 '이완-긴장'이라는 두 가지의 생리 조건에 따라 그 기초가 구축됩니다. 숙면을 취하고 상쾌하게 일어나서 커피 한 잔을 마시면 활기가 돕니다. 이런 상태에서 과제를 잘 처리하면 성취감이 생깁니다. 활기가 넘칠 때 친구들과 어울리면 즐거움이라는 감정이 일어납니다. 직장 동료의 일을 도와주고 길가에 쓰러진 이를 일으켜 세워주면 연민과 보람을 느끼는데, 이 정서는 활기와 선행이라는 행동이 만나 직조된 것입니다. 이처럼 정서는 저절로 형성되는 게 아니라 한 사람의 생리적 상태가 어떤 환경에 처하느냐에 따라 다르게 구성되는 것입니다.

생리적으로 활기차면서도 이완되어 있다면 부부 사이에 갈등이 생기더라도 '그래 우리 배우자가 그동안 가족을 위해 고생 많았지…'라며 상대를 더 이해하고 수용할 수 있지만, 피로하고 긴장된 상태라면 '그동안 내가 얼마나 고생했는데 나를 배려하고 챙겨주지 않고 화 나게 만들어!'라며 분노가 일어나게 마련입니다.

지치고 예민할 때 회사 일을 떠올리면 실제보다 심각하게 여겨지고 감당 못 할 일처럼 보이지만, 하룻밤

푹 자고 일어나서 활기가 돌면 똑같은 문제를 두고도 충분히 해결할 수 있다는 자신감이 생깁니다. 부하 직원이 버릇없이 굴 때 자신의 생리적 상태가 긴장이라면 짜증이라는 감정이 생깁니다. 반면에 활기찬 상태라면 '잘 알아듣게 조언해줘야지'라는 생각과 행동이 뒤따르고, 그 결과로 자부심이라는 정서가 형성됩니다.

불쾌한 감정이 떨쳐지지 않아, 라고 불평하기보다는 심신을 활기차게 스스로 관리하는 게 먼저입니다. 기상 후에 피로와 긴장을 느낀다면 '오늘 하루는 스트레스에 예민하게 반응할 수 있으니 주의하자'라고 마음을 먹습니다. 이런 날은 스트레스를 이기려 들지 말고 피하는 게 낫습니다. 무리하지 말고 가능하다면 평소보다 일을 줄이는 게 좋습니다. 피로-긴장 상태에서 과로하면 불쾌감이 쉽게 일어나기 때문입니다.

미묘한 감정 다툼이 있었던 사람과의 만남도 나중으로 미루는 게 낫습니다. 괜한 말다툼에 휘말릴 위험이 높아지기 때문입니다. 피로가 풀리도록 쉬어 주고, 산책이나 복식호흡처럼 심신이 이완되는 활동을 해야 합니다. 반드시 금주하고, 커피도 덜 마시고, 빨리 귀가해서, 따뜻한 물로 샤워한 뒤 제때 자는 게 좋습니다.

건강한 정서가 자리잡도록 환경을 구성하는 것도 중요합니다. 신경을 거스르는 소음에 지속적으로 노출되면 정신적 피로가 더 쌓입니다. 피로-긴장 상태에서는 작은 소음이 마치 바늘로 몸을 찌르는 것처럼 느껴지고 쉽게 화가 나므로 예민한 소리는 최대한 멀리해야 합니다. 템포가 느리고 멜로디 진행이 완만한 음악을 골라 들으면 정서는 그런 음악에 맞춰 동기화됩니다.

시각도 정서에 영향을 미칩니다. 광활한 자연을 보면 경외감이라는 초월적 감정이 찾아오지만 온종일 모니터만 응시하면 정서 반응이 무뎌집니다. 미각도 중요합니다. 힘든 일을 끝내고도 긴장이 풀리지 않는다면 부드러운 음식으로 심신을 달래줘야 합니다. 스트레스 받는다고 술 마시고 맵고 짠 음식을 자꾸 먹는 건 뇌에 자극이 더해지는 것이라 피로는 더 쌓입니다.

거리를 둬야
휩쓸리지 않는다

흘러가는 감정과 생각에 거리를 두고 지켜볼 수 있다면
감정에 휩쓸리는 일도 줄어듭니다

마음이 심란하여 감정과 생각을 관찰하는 것이 어렵다면 지금 가르쳐 드리는 마음호흡법을 활용해 보세요.

마음속으로 하나, 둘, 셋을 세면서 코로 천천히 숨을 들이쉬세요. 1초 정도 숨을 멈추고 기다리세요. 그러고 나서 다시 마음속으로 다섯까지 세면서 입으로 천천히 숨을 내쉬세요. 이때 공기의 흐름에 집중해 보세요. 공기가 코를 통해 몸으로 들어오고, 기도와 폐에 도달하는 것을 상상하면 좋습니다. 숨이 코를 스쳐 갈 때의 느낌에 집중해도 좋고, 입으로 숨을 내뱉을 때 배가 쑥 들어가는 느낌에 집중해도 좋습니다.

이것이 익숙해지면 마음속으로 주문을 외워 봅니다. 숨을 들이쉴 때 '나는' 하고, 숨을 내쉴 때 '편안하다' 하고 읊조리는 것이지요 '나는, 평온하다' 또는 '나는, 침착하다'도 좋습니다. 자기만의 각오를 넣어도 좋아요. '나는, 시작할 것이다', '나는, 글을 쓸 것이다'처럼 말이지요.

마음의 파도가 잠잠해지면 그때부터 감정과 생각을 관찰해 보세요. 마음을 관찰한다는 것이 좀 이상하게 여겨질 수도 있을 텐데요. 직관적으로 와 닿지 않을 수도 있을 것 같습니다. 마음을 들여다보라는 말을 자주 하지만 '도대체 어떻게 마음을 들여다보는 거야!'라며 답답하게 느낄 수도 있을 겁니다.

이렇게 생각해 보세요. 마음을 '기차'라고 상상해 보는 거예요. 1호차에는 '우울'이라는 감정이 담겨 있고, 2호차에는 '불안'이라는 감정이 담겨 있습니다. 3호차에는 '나는 바보 같아'라는 생각이 담겨 있고요. 하지만 마음이라는 기차에는 부정적 감정 외에도 '행복', '즐거움', '그래도 나는 꽤 괜찮은 사람이야'라는 긍정적 감정과 생각도 있습니다. 이것은 4, 5, 6호차에 실려 있습니다.

부정적 감정과 긍정적 감정을 실은 기차가 지나가는 것을 멀리서 지켜보는 관찰자가 되겠다고 생각하세요. 마음은 기차처럼 지나가는 것이거든요.

그런데 1호차부터 3호차에 실려 있는 부정적 감정을 지켜보는 것이 아니라, 그 기차에 올라탄다면 어떻게 될까요? 이렇게 되면 어쩔 수 없이 부정적 감정과 생각에 둘러싸여 기차 여행을 해야 합니다. 긍정적 감정과 생각이 담긴 기차가 뒤에 따라오는데도 못 봅니다. 그런 건 없다고 여기게 됩니다. 부정적 감정과 생각이 자신을 집어삼킵니다. 그냥 마음을 지켜보기만 했더라면 긍정적 감정과 부정적 감정을 모두 확인할 수 있었을 텐데 말이지요. 부정적인 기차에 올라타 버렸으니 이런 사실을 깨닫지 못한 채 계속 괴로울 수밖에 없겠지요.

흘러가는 감정과 생각을 조금 떨어져서 지켜볼 수

있다면 감정에 휩쓸리는 일도 줄어듭니다. 다음에 따라올 긍정적 감정도 자연스럽게 느낄 수 있게 되고요.

내가 살아가는 모습을 3인칭으로 관찰해 보도록 노력하세요. 당신이 살아가는 모습을 영화처럼 본다면 어떨까요? 내 모습을 누군가 촬영해서 보여 준다고 상상해 보세요. 내가 주인공인 영화를 본다면 어떤 느낌이 드는지? 내가 바라던 모습인지? 나를 더 힘들게 만드는 행동은 없는지? 만족감을 느끼는 행동은 무엇인지? 이렇게 내가 주연인 영화를 보는 것처럼 자신을 바라보세요.

사람은 누구나 '나는 그래도 꽤 괜찮은 사람이야'라는 믿음이 충족되기를 바랍니다. 그래서 3인칭으로 자기 모습을 관찰하기만 해도 '다음에는 조금 다르게 행동해 보자'는 마음이 자연스럽게 따라옵니다. 관찰하는 자아의 힘을 키우면 행동이 바뀝니다.

타인을 관찰할 때도 마찬가지입니다. 마음의 눈을 멀찍이 띄워 놓고 보는 연습이 필요해요. 어느 정도 멀리 떨어져서 봐야 하는가 하면요. 마치 하늘 위에서 땅 아래를 내려보는 것처럼 봐야 돼요. '버드 아이 뷰bird's eye view'라고 하지요. 하늘을 나는 새의 시점으로 보는 겁니다. 마음의 눈으로 타인도 그렇게 보려고 노력해야 해요.

자꾸 짜증내고 화를 내는 친구가 있는데, '저 인간 꼴 보기 싫어' 하고 외면해 버리거나 그 사람의 부정적 측면만 보면 함께 있는 자신까지 괴로워집니다. 관계도 악화되고요. 하지만 상상력이라는 마음의 눈을 동원해서 그 사람의 인생을 멀리서 관찰한다면 '저 친구 어제 부모님께 야단맞아서 기분이 안 좋나 보다. 그래서 나에게 짜증을 냈나 봐' 하고 상상할 수 있게 됩니다. 아니면 '저 친구 애인이랑 싸워서 스트레스를 많이 받다 보니 사소한 일에 예민하게 굴게 되었나 봐' 하는 생각이 들 수도 있습니다. 그러면 상대에 대해서도 너그러운 마음이 생기고 자기 마음도 편해집니다. 관계가 나빠질 일도 없겠지요.

우리를 둘러싼 모든 것들이 스트레스라고 해도 과

언이 아닙니다. 물론 세상에는 좋은 일도 많고, 좋은 사람도 많고, 그래서 행복하다고 느낄 때도 많습니다. 하지만 본질적으로 인생에서 스트레스는 영원히 사라지지 않습니다. 직장 상사 때문에 스트레스받고, 사업이 잘되지 않아서 스트레스받고, 카드값 때문에 스트레스받고, 아내나 남편 때문에 스트레스받고, 자녀가 열심히 공부하지 않아서 스트레스받습니다. 세상은 이렇게 스트레스받는 일투성이입니다.

그런데 외부의 사건이나 사람 때문에 스트레스를 받는 것인가 하면 사실은 그렇지도 않습니다. 진짜 스트레스는 외부 자극에 대해 내가 화를 내기 때문에 그것이 스트레스가 되는 겁니다. 컨디션이 좋지 않아 예민해지고 스트레스에 과민 반응하게 되어서 힘들어지는 겁니다. 세상일에 어떻게 반응하느냐에 따라 스트레스가 되기도 하고 되지 않기도 하는 것입니다. 진짜 스트레스는 자기 마음에서 만들어지는 거죠.

마음을 추상화라고 생각해 보세요. 바실리 칸딘스키의 〈푸른 하늘Sky Blue〉이라는 작품을 한번 보세요.

제목처럼 파란 배경에 말과 닭과 아메바처럼 생긴, 정확히 뭔지 모르는 형체들이 둥둥 떠다닙니다. 이 그림을 감상할 때는 그냥 무심하게 보면서 자기 마음을 억지로 끌고 가지 않아야 하거든요. 그런데 '도대체 저건 뭐지? 아메바인가 아니면 말인가?' 하고 파고들면 제대로 감상할 수 없습니다. 고민한다고 정답이 있는 것도 아닙니다.

마음을 감상할 때도 마찬가지예요. 그렇지 않아도 우울하고 불안한데 생각에 파고들면 그런 감정이 더 증폭될 뿐이거든요. 그럴 때는 '의미를 꺼내려고 하지 말고 그냥 관찰하자' 하고 생각해야 합니다.

사람 마음은 하루에도 수천 가지 감정과 생각이 왔다 갔다 합니다. 어느 것 한 가지에만 붙들려 있으면 하루 종일 그 감정과 생각에만 집착하게 됩니다. 그냥 놔두고 지켜본다면 다른 감정과 생각으로 흘러가게 되고요.

감정을 언어화하면 객관적으로 바라보는 데 도움이 됩니다. 쉬운 방법 하나를 알려 드리겠습니다. 지금 느끼는 감정에 '~구나'를 붙이는 것이지요. '에이, 기분 나빠'가 아니라 '내가 지금 기분이 나쁘구나' 하고 화 나는 감정에 '~구나'를 붙여 표현하는 거지요. 감정을 언어화하는 것입니다. '아, 불안하고 초조해'가 아니라 '내가 지금 불안하구나' 하고 말이지요. '우울해서 너무 괴로워'가 아니라 '내가 지금 우울하구나' 하고 감정을 언어화하면 있는 그대로 감정을 바라볼 수 있습니다.

꼭 '~구나'가 아니더라도 "분노, 분노, 분노"라든지 "불안, 불안, 불안"이라고 언어화한 감정을 반복적으로 읊조리는 것도 도움이 됩니다. 감정을 객관화할 수 있다면 억지로 없애거나 속이지 않아도 됩니다. 그렇게 하면 감정에 끌려다니지 않고 정서적으로 여유가 생깁니다.

그러고 나서 현재 자신에게 가장 중요한 일이 무엇인지 스스로 물어야 합니다. 다시 그 일에 집중해야 합니다. '아, 짜증 나서 미치겠어. 어떻게 일을 하지'가 아니라 '짜증이 나지만 지금 해결해야 할 일에 집중하겠어' 하고 주의를 의식적으로 감정에서부터 가치 있는 일로 옮겨 놓아야 합니다.

말 잘하는 사람은 말하지 않는다

그 사람을 사랑하고 앞으로 계속해서 함께하고 싶다면
상대의 결점을 받아들여야 합니다

건강한 관계의 핵심은 '상대의 실수를 얼마나 받아들일 수 있느냐' 하는 것에 달렸습니다. 실수가 없도록 노력해야겠지만, 살다 보면 그렇지 못할 때가 생깁니다. 다른 사람에게 미안해하고 어쩔 수 없이 상처를 줄 일이 생깁니다. "나에게 상처 준 사람을 어떻게 있는 그대로 받아들일 수 있어요?"라고 물을 수도 있을 텐데요. 만약 상처가 너무 커서 도저히 받아들일 수 없다면 그 관계는 더 이상 이어가기 어렵다고 보면 됩니다. 그 정도로 큰 상처라면 관계를 원래대로 돌려놓을 수는 없을 겁니다.

그럼에도 불구하고 그 사람을 사랑하고 앞으로 계속해서 함께하고 싶다면 상대의 결점을 받아들여야 합니다. 비록 그것이 나를 아프게 하더라도 말이지요. 도저히 용납하지 못할 일도 있겠지만, 그럼에도 그(녀)와 함께하고 싶다면 실수와 잘못도 있는 그대로 받아들일 수 있어야 합니다.

모든 사람은 나의 삶에 초대된 것입니다. 지금 내 앞에 존재하는 것과 싸우는 것만큼 비생산적인 게 없습니다. 나를 둘러싼 모든 사람들은 그 나름의 존재 이유가 있기 때문에 내가 뭐라고 해도 자기 나름대로의 방식으로 변하지 않은 채 살아갑니다. 그들을 타박하고 몰아세우고, 억지로 바꾸려 해봐야 소용이 없습니다. 그럴수록 힘만 빠집니다. 나는 내 인생 버스를 운전하는 기사입니다. 싫은 사람들을 쫓아내는 데만 신경 쓰면 버스는 제대로 굴러가지 못하고 엉뚱한 곳으로 가버립니다.

대화는 '말하기'가 아니라 '듣기'입니다. 수용이라고 바꿔 말할 수 있습니다. 경청이라는 말이 유행하는 것도 의사소통의 핵심이 듣는 것에 있기 때문입니다.

사람의 능력은 참 대단합니다. 대체로 생각하는 속도가 말하는 속도보다 4배 정도 빠릅니다. 그래서 다른 사람의 이야기를 들으면서 머릿속으로 딴생각을 할 수 있습니다. 듣는 것보다 더 많은 것을 혼자 생각할 수 있습니다. '다음에는 어떤 말을 하지' 하고 생각하는 동시에 말을 할 수도 있습니다. 다른 사람의 이야기를 들으면서 '그렇다면 나는 무슨 말을 해줄까' 하고 생각합니다. 듣고 말하는 것보다 생각하는 능력이 월등하기 때문에 일어나는 현상입니다.

남이 나를 욕하거나 비판한다고 즉각적으로 반응하지 말고 "예, 잘 알겠습니다. 당신의 이야기를 충분히 들었습니다"라고 한 뒤에 상대의 이야기를 요약해서 다시 들려주세요. '내가 당신이 한 말을 경청했다'는 메시지를 보내는 것이지요.

그러고는 "다음에 제 생각도 전달하도록 하겠습니

다"라고 말하고 다음을 기약하십시오. 시간이 지나서 상대가 자신에게 했던 비판이 정말 중요하다고 판단되면 그때 받아들이면 됩니다. 비록 기분이 상하기는 했지만 그 사람이 내게 했던 말이 도움이 되는 게 사실이니까요. 즉각적으로 반응하지 말고 시간의 힘을 믿고 기다리세요.

그런데 시간이 지나도 '이건 아닌데' 하는 생각이 들고, 그래서 화가 나고 억울하다면 따져 물어도 됩니다. 시간이 흘러 감정도 어느 정도 누그러졌기 때문에 말하기가 훨씬 수월합니다. 감정에 휘둘리지 않고, 담담하고 객관적으로 말할 수 있게 됩니다. 감정이 실려 있지 않으니 상대도 내 말을 편히 받아들일 수 있게 됩니다.

나쁜 기억을 현명하게 지우는 방법

억울한 감정을 억지로 참거나 없애려 하면
오히려 그 생각이 더 떠오릅니다

"나쁜 기억을 지워 주는 약은 없나요? 그 생각만 안 나도 좋겠어요. 생각을 없애 주세요"라고 호소하는 사람을 자주 봅니다. 너무나 충격적인 경험이라 지금도 생생히 떠올라 불안하고 잠도 제대로 잘 수 없다며 괴로워합니다.

교통사고를 당하거나 예상치 못한 재난에 큰 피해를 당하고 나면 그 기억이 뇌 속에 영원히 남습니다. 아무리 애써도 지워지지 않습니다. 지우개로 쓱싹 지울 수 있으면 좋겠지만, 그럴 수가 없습니다.

정서적 충격은 우리 뇌의 편도체amygdala와 대뇌피질cerebrum cortex에 평생 동안 저장됩니다. 상처가 클수록 기억은 강하게 지속됩니다. 공포를 경험하면 편도체에 빨간불이 켜지면서 과거 기억이 번쩍 튀어나옵니다. 생존을 위협했던 기억은 잊히지 않도록 뇌에 저장됩니다. 두 번 다시 그런 위험에 처하지 않으려는 생존을 위한 방어 기제입니다. 그래서 기억은, 그것이 아프면 아플수록 지워지지 않는 법입니다.

우리 뇌는 언어적 현실과 실제 현실을 구분하지 못합니다. 언어로 공격을 받으면 뇌는 마치 현실에서 신체적으로 공격 받은 것과 똑같이 인식합니다. 칼에 찔리는 것만 그런 것이 아니라 '말의 칼'도 생명을 위태롭게 합니다. 이런 일을 겪고 나면 사소한 일에도 긴장하고, 조금만 목소리가 높아져도 손이 떨리고 가슴이 두근거립니다. 불면증에 시달리고 우울증에 걸려 정신과 약을 먹어야 하는 경우도 있습니다. 멘탈이 강했던 사람인데, 선배가 쏟아 낸 폭언을 듣고 난 뒤 소심해지고 눈물이 많아졌다고 호소합니다.

폭언을 듣고 모욕을 느꼈는데도 제대로 방어하지 못하면 나중에는 자신을 탓하게 됩니다. '나는 왜 바보같이 그때 가만히 듣고 있었을까? 왜 반박하지 못했을까?' 용기도 없고 나약한 사람이라며 자책합니다. 잘못이 없는데도 죄책감을 느낍니다. '내가 할 수 있는 것은 아무것도 없고, 계속 그런 폭언을 들어야 한다면 앞으로 어떻게 살지?' 하며 절망감을 느낍니다. 삶에 대한 의욕마저 잃습니다. 폭언을 들었을 때의 상황이 자꾸 떠오릅니다. 그럴 때마다 가슴이 두근거리고, 흥분하고, 자책하고, 무력해집니다.

폭언으로 정신적 충격을 입었을 때 마음 건강을 지키기 위한 첫 번째 원칙은 억울한 감정, 모욕감을 억지로 참거나 없애려 하면 안 된다는 것입니다. 그러면 오히려 그 생각이 더 떠오릅니다.

충격 그 자체만 뇌에서 쏙 빼내 버릴 수는 없습니다. 빨리 없앨 수 없습니다. 이건 불가능한 일입니다. 시간이 충분히 흘러야 아주 서서히 그리고 조금씩 불안과 두려움이 멈춥니다.

두 번째 원칙은 글로 적어 두는 것입니다. 생각을 글로 토해 내면 감정이 조금씩 누그러집니다. 가능하면 상황을 꼼꼼하게 적어 두는 것이 좋습니다. 녹음을 해 두었다면 좋겠지만 대부분은 갑작스레 폭언을 듣기 때문에 그렇게 못 합니다. 글로라도 자세히 기록해 두면 억울한 피해 상황을 소명하는 증거자료가 됩니다. 글로 적는 것 자체가 괴로울 수도 있지만 이런 과정은 나중을 생각해서라도 필요합니다.

마지막으로 불쾌한 기억이 아닌 의미 있고 즐거운 일에 몰입해야 합니다. 쉽지 않은 일입니다. 처음에는 억지로라도 그렇게 해야 합니다. 당장 해야 할 일, 사랑하는 가족과의 대화, 영화를 보고 음악을 듣는 취미 생활 등 무엇이든 해야 합니다. 자신에게 꼭 필요한 일, 의미 있고 즐거움을 느끼는 활동에 더 많은 시간을 써야 합니다. 기억을 없애지는 못해도 몰입 행동으로 충격에서 조금씩 벗어날 수 있으니까요.

내가 앞장서야 인생이 따라온다

가장 중요한 건 나의 의지입니다

상담을 받으면서 환자의 마음에 평온이 찾아온 게 분명한데도 그 이유를 정확히 모를 때가 있습니다. 저는 종종 환자에게 "무엇 때문에 좋아진 것 같으세요?"라고 직접 물어보곤 합니다. "선생님이 잘 치료해주셔서 그렇지요"라는 대답이 돌아오면 기분이 잠시 좋기는 해도, 곧이곧대로 받아들이지는 않습니다. 진실이 아니기 때문입니다.

사실, 의사인 저도 이유를 콕 짚어 말하지 못할 때가 적지 않습니다. 나름대로 이렇게 저렇게 설명하지만 확실히 증명해낼 도리도 없습니다. 한 사람의 마음과 행동이 변하는 데는 수많은 요인들이 엉켜 있고, 심리 문제는 단 하나의 치유 성분만으로 해결되는 게 아니기 때문입니다.

환자에게 긍정적 변화가 일어났을 때 실제로 그것에 기여한 요소가 무엇인지 의사와 상담사들은 늘 궁금해해왔습니다. 이와 관련된 논문들이 꽤 많이 발표되어 있습니다. 이것들을 종합적으로 분석했던 한 연구 결과를 보면 심리치료 그 자체가 효과적인 것은 맞지만, 그것이 환자를 달라지게 만드는 데 기여한 정도는 그리 크지 않았습니다.

위스콘신 대학교 상담심리학과 브루스 웜폴드Bruce Wampold 교수는 환자의 긍정적 변화에 치료법 그 자체가 미친 영향은 13%에 불과하다고 했습니다. 바꿔 말하면 치유적 변화에는 치료 외적인 요인이 더 크게 작용한다는 뜻입니다.

환자는 자신이 원하는 변화를 이끌어내줄 획기적인 무언가를 기대하겠지만, 누구에게나 언제나 잘 작동하는 그런 심리치료는 존재하지 않습니다. 훌륭한 치료자가, 훌륭한 기술을 동원해서 상담하면 분명 효과적일 것입니다. 당연한 이야기입니다. 하지만 사람이 달라지기 위해서는 심리치료가 아닌 다른 무언가가 더 필요한 법입니다. 마음의 문제는 계획대로 풀리지 않습니다. 어찌어찌하다 보니 예상과 다른 곳에 도달했는데 오히려 그곳에서 해답을 찾을 때가 많습니다.

환자에게 희망을 불어넣을 수 있다면 어떤 치료 모형을 활용하든 변화를 불러일으킬 수 있습니다. 치료자가 정신분석가냐, 인지행동치료자냐, 혹은 제3의 조류3rd wave에 기반한 치료법을 활용하느냐, 또는 그 밖의 다른 접근법을 활용하는가와는 상관없이 실의에 빠진 이에게 희망을 심어주는 것만으로도 긍정적인 변화를 이끌어낼 수 있습니다. '희망 불어넣기'는 심리치료가 치유적 변화를 일으키는 것과 동등한 수준의 효과를 발휘하는 것으로 나타났습니다.

환자-의사, 내담자-상담자가 맺는 동맹은 치료법 그 자체보다 훨씬 더 중요합니다. 환자의 변화에 기여하는 정도도 치료기법보다 두 배나 더 컸습니다. 서로 잘 소통할 수 있고 신뢰가 형성되어 환자 내면에서 변화의 동기가 일어나게끔 만드는 치유적 관계, 그 자체가 효과를 발휘한다는 것입니다.

변화가 일어나는 데 결정적인 요인은 무엇보다 환자 자신입니다. 여기엔 두 가지 모순된 의미가 담겨 있습니다. 환자에게 긍정적 변화가 일어나려면 그가 좋은 예후 인자들을 얼마나 가지고 있느냐, 하는 것이 중요하다는 뜻이고, 안타깝게도 치료가 되지 않는다면 그 이유 또한 환자 안에 있다는 뜻입니다.

환자가 가진 요인 중 가장 중요한 것이 무엇이냐, 라고 묻는다면 "경험에 대한 개방성"이라고 저는 말합니다. 진료실에서의 치유적 경험과 상담 동안 환자가 시나브로 터득한 통찰이 그의 일상으로 번져나갈 때 진정한 변화가 일어납니다. 치유적 관계를 맺기 위해서도, 희망을 갖게 하기 위해서도, 치료 기법을 상담에 적용하기 위해서도, 환자의 마음이 새로운 경험을 향해 열려 있어야 합니다.

4장

마음이 힘들 땐 몸부터 움직여라

쉬면 쉴수록 무기력해지는 까닭

하루 종일 소파에 누워 있으면 백발백중 더 피곤해지고
의욕도 생기지 않습니다

사람은 누구나 우울해집니다. 돈 때문에 걱정하고, 높은 성적을 받으려고 애쓰면서 스트레스받고, 취업 때문에 압박감을 받고, 건강이 나빠져서 힘들어지고, 사랑하는 가족을 하늘로 떠나보내기도 하고, 교통사고처럼 예상하지 못한 트라우마를 겪기도 합니다. 좌절과 실패를 경험하고, 절망에 빠지기도 합니다. 살다 보면 누구든, 우울해질 수밖에 없는 상황을 어쩔 수 없이 겪게 됩니다.

"나는 끄떡없다"라고 말할 분도 있겠지만 이런 일

들을 겪으면 저를 포함한 보통 사람들은 우울감을 느끼는 것이 지극히 자연스러운 반응입니다. 나만 나약한 것 같다고 여겨선 안 됩니다.

우울한 사람이 모두 우울증 환자가 되는 건 아닙니다. 스트레스가 전부 마음의 병으로 이어지지도 않고요. 스트레스와 우울감이 우울증을 일으키는 건 어떤 이유에서일까요? 중요한 원인 중 하나는 '몸을 쓰지 않아서'입니다. 우울하면 의욕이 떨어지고, 의욕이 떨어져서 몸을 움직이지 않으니 기분이 더 처지게 되는 것이지요.

귀찮고 의욕도 없고 기분이 좋지 않다며 누워 있으려고만 하면 우울한 기분이 우울증으로 이어집니다. 마음이 힘들어도 친구와 수다 떨고, 연인과 영화 보고, 산책도 해야 하는데, 이런 활동들을 다 놓아 버리면 우울증이 됩니다. 몸을 움직이지 않고 생각 속으로 도망가도 그렇게 됩니다. '나에게 왜 이런 일이 생겼지? 인생은 너무 힘들어. 나는 왜 이렇게 한심한 걸까?' 하고 골똘하게 파고들면 우울감은 더 깊어집니다.

우울한 기분을 떨치려면 마음이 아니라 몸을 써야 합니다. '기분을 좋게 만들 거야' 하고 아무리 마음먹어도 기분은 나아지지 않아요. '오늘부터 우울을 날려 버릴 거야' 하고 다짐해도 그렇게 되지 않습니다. 즐거움을 느끼는 활동을 많이 할수록 기분이 좋아지고 의욕도 생깁니다. '나는 점점 나아지고 있다. 뭔가를 배우는 일이 만족스럽다'라는 것을 느낄 수 있어야 우울감이 옅어집니다.

다시 말씀드리지만, 기분은 마음먹는다고 달라지는 것이 아니에요. 활동이 수반되어야 기분이 변하는 겁니다.

라디오 상담을 할 때 자주 접하던 사연이 있었어요. "주말만 되면 하루 종일 누워 있어요. 의욕도 없고, 피곤해서 그렇게 돼요. 소파와 한 몸이 되어 버려요. 어떻게 하면 좋을까요?"

일에 지치고 피곤이 쌓여서 그러려니 하고 이해할 수 있습니다. '피곤하니까 나는 쉬어야 돼. 그래야 의욕이 생기지'라고 생각하는 게 당연합니다. 하지만 하루 종일 누워 있으면 백발백중 더 피곤해지고 의욕도 생기지 않습니다. 이런 행동으로는 피로감과 무기력을 날려버릴 수 없습니다.

생각이 많아지면 늪이 된다

우리가 살아갈 수 있도록 힘을 주는 건 과거가 아니라
'현재가 되어 가는 미래'입니다

우리는 마음과의 싸움에서 이기기도 하지만 지기도 합니다. 운동을 해야 한다는 것은 알지만, 하지 않을 이유도 무궁무진하게 많습니다. 시간이 없어서, 피곤해서, 하고 싶지 않아서, 무릎이 아파서, 운동화가 낡아서, 그냥 운동이 하기 싫고 그럴 기분이 아니라서 등등 이유는 셀 수 없이 찾을 수 있습니다.

머릿속에서 벌어지는 게임에서 순간적으로 승자가 되기도 하지만, 동시에 패배자가 되기도 합니다. 하기 싫은 일을 하지 않음으로써 당장의 싸움에서는 이길지 모르지만, 꼭 해야 한다는 것을 알면서도 하지 않으면 장기적으로는 패하고 맙니다.

자기 행동을 한번 돌아보세요. 기분이 좋고 의욕이 넘칠 때는 새로운 사람을 만나고 싶어지고, 새로운 도전에 과감해집니다. 익숙한 것에서 벗어나 새로운 것을 찾게 되지요.

반대로 우울해지면 관심이 좁아집니다. 새로운 생각은 떠오르지 않아요. 일상적인 업무에 대한 흥미도 줄어듭니다. 사람에 대한 호기심도 사라집니다. 친구, 형제, 부모에 대한 생각도 덜 합니다. 나에 대한 생각만 머릿속에 꽉 찹니다. 우울할수록 관심의 초점이 자기 자신에게만 모아집니다. '나는 어떤 사람인가? 나의 과거, 내가 했던 일들, 나의 콤플렉스, 사람들은 나를 어떻게 볼까, 내 문제가 무얼까' 하는 생각들로 머리가 가득 차버립니다.

이런 생각은 하면 할수록 기분이 나빠집니다. 자신에 대한 생각이 자기 이해를 도와주기도 하지만, 나에 대해 너무 깊이 파고들면 우울해집니다. 기분과 생각이 서로 연동되어 있기 때문에 그런 겁니다.

평소보다 자신에 대한 생각이 많아졌다면 그건 지금 스트레스를 받고 있다는 신호입니다. 잘못, 후회, 반성만 하게 되고, 그런 생각을 하면서 시간을 흘려보내고 있다면 그건 우울하고 지쳐 있다는 증거입니다. 이럴 때 자신에 대한 생각에만 파고들면 더 우울해집니다. 부정적인 생각은 더 떠오릅니다. 생각이 스스로를 더 우울하게 만드는 악순환에 빠집니다.

뉴욕 대학에서 진행한 한 연구를 보면 이런 사실을 확인할 수 있습니다. 실험 참가자에게 행복한 기분이 드는 음악으로 바흐의 〈브란덴부르크 협주곡 3번 Brandenburg Concerto No.3〉을, 그리고 슬픈 기분을 유도하는 음악으로 프로코피예프의 〈몽골 치하의 러시아 Russia under the Mongolian Yoke〉를 10분간 들려주었습니다. 음악으로 기분을 변화시킨 뒤에 나에 대한 생각을 얼마나 하게 되는지를 확인했습니다.

그 결과 바흐의 협주곡을 듣고 중립적인 기분에서 행복한 기분으로 바뀌면 자신에 대한 생각이 줄어들었습니다. 반대로 프로코피예프의 곡을 듣고 중립적인 기분에서 슬픈 기분으로 바뀌면 자신에 대한 생각이 늘어났습니다. 행복한 사람은 자신보다 다른 사람을 더 많이 생각하고, 자신에서 벗어나 세상으로 관심이 옮겨가는 것이지요. 우울한 사람은 세상에 대한 관심을 거두고 자기 생각 속으로 숨어 버립니다.

자신에 대한 생각이 늘어났다면 '아, 이건 기분 전환을 하라는 신호구나' 하고 받아들이면 됩니다. 자꾸 옛날의 후회스러운 기억이 떠오른다면 '아, 이건 친구 만나서 수다 떨고, 운동하라는 메시지구나' 하고 해석하면 됩니다. 이렇게 기분을 바꾸면 자신에 대한 생각은 줄어들고 세상에 대한 관심은 조금씩 늘어나게 됩니다.

제가 가장 사랑하는 에세이 한 권을 꼽으라면 주저하지 않고 후지와라 신야의 《돌아보면 언제나 네가 있었다》를 꼽습니다. 이 책에는 자살을 생각할 만큼 절망적이었던 한 여자가 아이를 낳고 난 뒤에 삶의 의지를 되찾게 되는 에피소드가 실려 있습니다.

그 여자가 점쟁이에게 손금을 보고 난 뒤에 들었던 이야기가 제 가슴을 울렸습니다. 점쟁이는 여자에게 이렇게 말합니다. “손금을 봐서 먹고사는 사람이 이런 소리를 하는 것이 이상하겠지만, 자기 손금에 신경을 쓰는 사람은 불행해져요. 자기만을 생각하는 사람이란 그만큼 걱정거리를 안게 되는 거지요. 그러니까 손금에 연연하는 것을 졸업해야 해요. 그리고 자신보다 남을 생각하세요. 그러면 살아갈 용기가 생길 거예요.”

인간은 자기 자신만 생각하면 불행해집니다. 우리는 사람을 통해 살아갈 힘을 얻습니다. 사람과 세상에 대한 관심이 줄어들면 생명력을 잃고 맙니다. 행복해지려면 타인을 향해 내 삶을 던져 넣어야 합니다.

이 책을 읽고 저 자신이 부끄러워졌습니다. 명색이 정신과 의사라고 하지만 ‘인간에 대한 애정이 얼마나 되는가?’ 하고 돌아보게 되었습니다.

후지와라 신야는 1970년대에 출간되어 일본 젊은이들의 가슴에 불을 질러 놓은 베스트셀러 《인도 방랑》의 저자이자 사진작가입니다. 《인도 방랑》을 읽은 뒤

직장에 사표를 던졌다는 사람이 속출했다는 전설 같은 이야기가 지금까지 회자되고 있지요.

후지와라 신야는 2011년 동일본 대지진 때 생수와 야채를 가득 싣고 방사능 피폭 현장으로 달려갔고, 시부야 밤거리를 떠도는 십 대들을 만나고 그들의 울분을 알리는 작업을 이어왔습니다. 그는 책과 사진뿐 아니라 자기 삶을 통해 사람에 대한 애정을 보여주었습니다. 어설픈 자기계발서에 나올 법한 '이렇게 살아라, 저렇게 살아야 행복하다'는 공허한 말이 아니라 몸소 인간에 대한 사랑을 실천했습니다. 저는 책뿐 아니라 후지와라 신야의 삶에서도 영감을 얻었습니다.

과거에 연연하는 것도 떨쳐 버려야 합니다. 상담을 하다 보면 앞으로 나아가지 못하고 정체될 때가 있습니다. 자꾸 과거에만 매달려 현재와 미래에 대한 이야기를 하지 못할 때가 그렇습니다. 현재를 합리화하려고 과거를 이용할 때 그렇습니다.

물론 한 사람의 과거는 무척 중요합니다. 과거의 일들이 지금의 '나'에게 영향을 미치는 것도 사실입니다.

콤플렉스는 과거의 일들이 응어리지고 감정과 결합되어 마음속 깊이 뿌리내린 것입니다. 콤플렉스를 탐색하고, 이해하고, 분석하고, 해소해야 합니다.

그렇지만 과거를 분석한다고 살아갈 힘이 자연히 흘러나오지는 않습니다. 과거를 돌아본다고 콤플렉스가 저절로 해소되지 않습니다. 한 사람의 과거는 고정된 것이 아닙니다. 끊임없이 변합니다. 인간은 과거 경험 그 자체가 아니라, 경험에 부여한 의미에 영향을 받습니다. 의미를 두지 않으면 과거는 현재에 영향을 미치지 못합니다. 어떤 의미를 부여하느냐에 따라 과거가 달라집니다.

과거에만 매달려 앞으로 어떻게 살아갈지, 내게 지금 필요한 것이 무엇인지를 등한시해서는 안 됩니다. 우리가 살아갈 수 있도록 힘을 주는 건 과거가 아니라, '현재가 되어 가는 미래'입니다.

의욕이 생기기를 기다리지 마라

움직이지 않으면 감정이 흘러가지 않습니다

상담을 하다 보면 "이것만 되면 ~가 잘될 텐데" 하는 말을 자주 듣습니다. 예를 들면 이런 겁니다. "지금보다 의욕이 생기면 공부를 열심히 할 수 있을 텐데." "연인이 나를 사랑해 주면 내가 행복해질 텐데." "피곤하지만 않아도 일을 잘했을 텐데." "불안감만 사라지면 멋지게 발표할 수 있을 텐데."

이런 말은 힘이 되지 않아요. 과거와 자신에 대한 집착일 뿐입니다. 이런 생각이 들 때마다 '그만'이라고 하고 멈춰야 합니다. 그리고 자신에게 다시 물어야 합니다. '나에게 가장 중요한 것이 무엇인가? 그걸 하기 위해 지금 이 순간 무엇을 해야 하는가?' 하고 말이지요.

"하루에 10분만 산책을 하세요." 진료할 때 제가 자주 하는 조언입니다. 하루 종일 아무것도 하기 싫다고 말하는 우울증 환자도 이 정도의 활동은 유지해 주었으면 좋겠다고 바랍니다. 하지만 이것조차 힘들다는 환자도 많습니다. 그러면 저는 이렇게 말합니다. "하루 종일 잠옷 바람으로 있지 마시고, 집 안에 있더라도 외출복으로 갈아입고 계세요."

이것도 못 하겠다면 아침에 샤워라도 규칙적으로 하라고 말합니다. 이마저도 못 하겠다고 하면 "잠자는 시간 외에는 누워 있지 말고 되도록 소파에 앉아 계세요"라고 합니다. 이것을 '신체활동 과제'라고 합니다. 어떻게든 활동을 시작할 수 있게 시동을 걸어 주려고 합니다.

'이 정도는 할 수 있겠지' 생각하고 잘게 쪼개 과제를 내주어도 실제로는 잘 먹혀들지 않을 때가 많습니다. 환자들은 이렇게 말합니다. "의욕이 생겨야 하지요." 이것이 바로 우울의 악순환에 빠져드는 전형적인 패턴입니다.

의욕이 없어도 일단 몸을 움직여야 우울증에서 벗어날 수 있습니다. 의욕이 생기기만 기다리면 우울증은 악화됩니다. 움직이지 않으면 긍정적 감정을 경험하게 되는 활동에 참여할 수 없습니다. 이렇게 되면 즐거움과 숙달감mastery feeling을 경험하지 못하고 우울은 깊어집니다. 이런 일련의 과정을 '행동 비활성화의 덫'이라고 합니다.

반대로 '행동 활성화behavioral activation'란 즐거움이나 숙달감을 경험할 수 있는 활동이 가져다 주는 긍정적 보상을 통해 우울증에서 벗어나는 것을 일컫습니다. 우울증 치료에서는 행동 활성화가 중요합니다. 좋은 생각을 하고, 좋은 기분을 가지도록 노력하라고 아무리 말해도 행동이 활성화되지 않으면 우울증에서 못 벗어납니다.

건강한 몸에
건강한 마음이 깃든다

몸을 많이 움직이는 사람이 마음도 건강합니다

'왜?'라는 질문보다 '무엇을 어떻게 할 것인가'에 초점을 맞추어야 합니다. 고민하는 시간은 10분의 1이면 충분합니다. 나머지 10분의 9는 행동하는 데 써야 합니다. 인생의 가장 많은 시간은 생각과 고민이 아니라 행동으로 채워야 합니다. 그래야 경험이 쌓입니다. 인생은 경험의 축적이지 생각의 축적이 아닙니다.

심폐활량이 좋은 사람은 우울증에 잘 걸리지 않습니다. 일반인을 대상으로 심폐활량을 측정했습니다. 그리고 약 12년이 지난 다음 이 사람들 중에 누가 우울증에 걸렸는지 추적 조사를 했습니다. 측정한 심폐활량이 좋았던 사람 중에는 우울증 환자가 현저하게 적었습니다. 심폐활량이 나쁜 사람에 비해 우울증에 걸릴 가능성이 50% 정도 낮은 것으로 나타났습니다.

마음공부만 해서는 정신 건강이 좋아지지 않습니다. 긍정적으로 마음먹자고 구호만 외쳐서도 안 됩니다. 이런저런 핑계를 물리치고 몸을 움직여야 합니다. 몸을 많이 움직이면 마음이 건강해집니다.

몸을 많이 움직이라고 말하면 어떤 운동을 해야 하는지, 얼마나 해야 하는지 되묻곤 하는데요. 단순합니다. 어떤 운동이든 하면 됩니다. 다만 중등도 이상의 강도 있는 운동을 꾸준히 해야 합니다. 중등도 정도의 운동 강도란 걸으면서 옆 사람과 대화하기 약간 어려운 정도 혹은 다소 숨이 찬 정도를 말합니다. 이 정도의 강도로 하루 30분 이상, 주 5회 이상 운동하는 겁니다.

가벼운 우울 증상을 겪고 있는 환자가 이 정도 운동을 하면 항우울제를 복용하는 것과 동일한 효과를 얻습니다. 약을 먹지 않고도 우울증을 치료할 수 있는 것이지요. 운동 강도와 정신 건강이 좋아지는 효과는 비례합니다. 운동을 많이 할수록 그것에 비례하여 정신 건강도 좋아집니다.

평소에 운동하지 않았다면 이 정도의 운동이 힘들게 느껴질 겁니다. 그렇다면 처음부터 무리하지 말고 점진적으로 강도를 높이면 됩니다. 하루 5분 정도로 시작해서 10분, 15분으로 늘려 가는 것이지요. 점진적으로 강도를 높이다 보면 '아, 내가 이전보다 훨씬 나아졌구나' 하는 느낌이 드는데, 이것 또한 정신 건강에 좋은 효과를 불러일으킵니다.

"평소에 일하면서 몸을 많이 쓰는데, 운동을 따로 해야 되나요?"라고 묻기도 하는데요. 일하면서 육체노동을 하는 것과 운동으로 몸을 쓰는 것이 정신 건강에 미치는 효과는 서로 다릅니다. 일하면서 몸을 쓰는 것은 기분을 좋게 하거나 의욕을 증진시키는 효과가 없습니다. 따로 운동을 해야 합니다.

운동을 꾸준히 하면 자기 조절력도 강해집니다. 호

주의 한 대학에서 연구를 했어요. 3개월 동안 꾸준히 운동한 사람들과 그렇지 않은 사람들이 어떻게 달라졌는지 비교했습니다. 꾸준히 운동한 그룹은 그렇지 않은 그룹에 비해 전보다 돈도 아껴 쓰고, 충동구매도 적게 하고, 술과 담배도 줄이고, 감정 조절도 잘하게 되었습니다. 일을 미루는 습관도 줄어들고, 약속 시간도 잘 지키는 것으로 나타났습니다. '충동구매하지 마라', '아껴 써라', '약속을 잘 지켜라' 하고 지시를 내리지 않았는데도 이런 변화가 저절로 나타났습니다.

하지만 꾸준히 운동하지 않은 사람들에게서는 이런 행동 변화가 나타나지 않았습니다. 규칙적으로 운동만 잘해도 자기 조절력이 자연스럽게 강해진 것이지요.

요즘 아이들은 절제력이 부족하다며 걱정하는 말을 종종 듣는데요. 아이들을 탓하거나 인성교육을 강화해야 한다고 주장하기보다는 체육 시간을 늘리는 것이 더 효과적입니다. 괜히 아이들에게 타박하듯 "게임하지 마라", "인내심을 길러라"라고 말하는 것은 효과도 없을 뿐더러 반발심만 불러일으킵니다.

말로 하는 교육보다 운동장에서 뛰면서 몸을 쓰는

것이 절제력을 기르는 데 훨씬 효과적입니다. 친구들과 운동하다 보면 사회성도 길러집니다. 친구들과 조화를 이루며 어울리는 방법도 저절로 터득하게 됩니다. 이런 경험들이 누적되면 자기 조절력이 자연히 강화됩니다. 억지로 가르치지 않더라도 말이지요.

저는 존 싱어 사전트의 〈엘 할레오El Jaleo〉라는 미술 작품을 좋아하는데요. 한동안 제 노트북 바탕화면을 장식했던 그림입니다. 삶의 열정을 잃어버린 사람에게 이 작품을 보라고 권합니다.

'엘 할레오'는 스페인 안달루시아 지방의 격정적인 춤을 말합니다. 그림 속 무희의 모습은 몰입이 무엇인지 보여 줍니다. 무희의 열정이 춤과 함께 무대를 집어삼킬 것만 같습니다. 벽을 물들이고 있는 그림자는 그녀가 무대와 관객을 향해 쏟아내는 에너지처럼 보입니다. 이 그림처럼 음악에 몸을 맡기고 그 소리에 맞춰 발장단을 치며 나를 잠시 잊어버리는 것이 몰입입니다. 열정은 이렇게 몰입하면서 샘솟게 되는 것이고요.

몰입이라는 것은 몸을 함께 쓸 때 이루어집니다. 마음으로만 몰입하겠다거나 마음만 움직여서 몰입상태에 들어가겠다는 것은 효과적이지 않습니다. 공부할 때도 손으로 쓰고, 입으로 말하고, 귀로 들으며 시각적으로 이미지화할 때 학습 효율이 올라가지요.

오감이 활성화되면서 마음속 하나의 이미지에 초점이 맞춰질 때가 바로 몰입하는 순간입니다. 몰입 경험과 몰입 시간이 늘어날수록 정신 건강도 좋아집니다. '나'라는 사람의 정체성도 몰입 경험에 따라 변해 갑니다. 나를 바꾸겠다, 다른 사람이 되겠다, 정신력을 키우겠다고 한다면 몸을 움직이고 그때 활성화되는 오감 하나하나에 집중해야 합니다. 이런 체험들이 쌓여야 합니다.

활동 레시피를 만들어라

스트레스받을 때 써먹을 나만의 처방전을 만들어 두세요

마음을 건강하게 만들려면 '나의 생활 방식이 어떤가?' 하고 스스로에게 물어야 합니다. 수면 리듬이 불규칙하고, 식사도 대충대충, 운동도 하지 않으면 마음은 병들어 갑니다. 자연을 가까이하고 건강한 음식을 골고루 챙겨 먹으면 마음이 풍요로워집니다. 술을 절제하고 담배를 끊어야 하는 것은 두말할 나위 없고요. 잠자기 전에도 스마트폰을 손에서 놓지 않은 채 침대에 누워 화면만 뚫어지게 보고 있으면 수면의 질이 나빠집니다.

이런 좋지 않은 습관을 가진 채 마음 건강을 돌보겠다고 하는 것은 말이 안 됩니다. 폐암 환자가 담배를 피우면서 치료하겠다는 것과 똑같아요.

하루를 어떻게 보내는지가 '내 마음이 지금 어떤 상태인가'를 결정합니다. 건강한 생활 습관은 마음 건강의 기초입니다. 기초 공사가 잘 되어 있지 않으면 집이 허물어지듯, 마음을 튼튼하게 만드는 기본은 건강한 생활 방식을 유지하는 것입니다.

간호사를 대상으로 직무 스트레스를 상담하다 보면 안타까울 때가 있습니다. 세상에서 가장 힘든 직종 중에 하나가 간호사라고 생각하는데요. 정신노동, 육체노동, 감정노동이라는 세 가지 부담이 간호 업무에 고스란히 녹아 있기 때문입니다. 게다가 3교대 근무를 하면 스트레스가 가중될 수밖에 없고요. 격무에 시달리는 간호사는 잘 먹고, 잘 자고, 운동도 규칙적으로 해야 합니다. 그런데 스트레스가 심할수록 좋지 않은 생활 습관에 빠져드는 경우가 있습니다.

"일이 끝나면 피곤하니까 집에 가서 그냥 자기 바빠

요." "운동하기 힘들어요." "자꾸 단 음식이 당겨서 군것질이 늘어났어요." "자기 전까지도 스마트폰을 만지작거리는 것 말고는 움직이지 않아요."

간호 업무만으로도 벅찰 텐데 생활 방식마저 이렇다면 스트레스가 커질 수밖에 없습니다. 이럴 때 상담하는 것도 도움이 되지만, 생활 방식을 건강하게 바꾸는 것만으로도 스트레스가 줄어듭니다. 상담을 아무리 열심히 받더라도 생활 방식을 바꾸지 않으면 마음이 튼튼해질 수 없어요.

"스트레스를 잘 이겨 내려면 활동 레시피가 필요해요"라는 말을 자주 하는데요. 레시피라는 표현이 조금 어색하게 들릴 수도 있겠지만, 나를 기분 좋게 하는 활동을 잘 요리해서 먹어야 스트레스를 이겨 낼 수 있다는 뜻으로 '활동 레시피'라고 표현한 겁니다. 자신만의 활동 레시피가 있는 사람은 삶에서 겪게 되는 위기를 거뜬히 이겨낼 수 있습니다.

살다 보면 누구나 스트레스를 받고, 가끔씩은 이겨 내기 어려운 위기에 맞닥뜨립니다. 그런데 자신만의 고유한 스트레스 대처법이 있으면 스트레스가 닥쳐도 우울증으로 이어지지 않습니다. 스스로 위로하는 법을 갖고 있는 사람은 위기가 닥쳐도 쉽게 무너지지 않습니다.

상담하러 오는 분들에게 "스트레스받을 때 이겨 낼 수 있는 자기만의 비법이 있나요?"라고 물어봅니다. 이 물음에 금방 대답할 수 있는 사람은 스트레스 때문에 괴롭기는 해도 우울증으로 이어지지는 않습니다. 우물쭈물하다가 "그런 건 없어요"라고 대답하는 사람은 작은 스트레스가 우울증으로 쉽게 옮아갑니다. 여러 사람들에게 들은 활동 레시피를 정리해 보았습니다.

- 창문 밖 나무에 앉아 있는 새가 몇 마리인지 세어 본다.
- 길가에 핀 꽃잎을 유심히 바라본다.
- 콩나물 꼭지를 딴다.
- 털실로 양말을 짠다.
- 기분에 맞는 운동을 한다.
- 나만의 위로 음악을 찾아 듣는다.
- 시를 소리 내어 읽는다.

- 거품 목욕을 한다.
- 넷플릭스, 유튜브 등을 본다.
- 반려동물과 대화를 나눈다.
- 수면 잠옷을 입고 책을 읽는다.
- 개와 산책을 한다.
- 색깔별로 속옷을 정리한다.
- 책장의 책을 다시 정리한다.
- 일기를 쓴다.
- 봉사활동을 하러 간다.
- 기도를 한다.

어떤 간호사 한 분은 이렇게 말하더군요. "막무가내 고객에게 스트레스를 받고 나면 선탠을 해요." 선탠과 스트레스가 어떤 관련이 있을까 궁금했는데요. 그 분은 이렇게 말하더군요. "내 몸이 조금 까무잡잡해지면 왠지 나라는 사람도 강해진 것 같은 느낌이 들어서요. 그러면 다른 사람들을 대할 때 당당해지는 느낌이 들어요."

실제로 이런 효과가 있는지 과학적으로 증명되진

않았지만, 나름대로 자신을 위로하고 강하게 만드는 무엇인가를 갖고 있다는 것은 좋아 보였습니다. '이건 나만의 비법이야' 하는 느낌이 드는 것도 정신 건강에 도움이 되는 요소라고 생각되었고요. 이렇게 남들과 다른 나만의 활동 레시피를 만들겠다고 생각해 보면 좋겠습니다.

자기 성향에 잘 맞고 쉽게 실천할 수 있는 2~3개 정도의 활동 레시피를 갖고 있어야 합니다. 평소에도 꾸준히 활용하고 있어야 합니다. 그래야 위기 상황에서 금방 실천할 수 있거든요. 우울하고 스트레스가 심한 상태가 된 뒤에 활동 레시피를 찾겠다고 하면 늦습니다.

단순 동작을 반복하는 것도 정신 건강에 좋습니다. 산책, 청소, 설거지, 다림질처럼 반복적인 동작에 마음을 집중시켜 보는 것이지요. 처음에는 지겨울지 몰라도 반복하다 보면 감정이 차분해지는 것을 느끼게 됩니다.

분노 조절도 자기 나름의 대처법을 미리 준비해 두면 좋습니다. 화가 나는 상황에서 '찬물을 한 잔 마시겠다', '깊게 심호흡을 하겠다', '엄지발가락에 힘을 꽉 주겠다', '딴 곳을 쳐다보겠다', '무조건 자리를 피하고 감정이 가라앉으면 돌아오겠다' 등의 대처법을 미리 갖고 있어야 합니다. 화가 난 뒤에 생각해 봐야 떠오르지도 않고 활용할 수도 없습니다. 평소에 미리미리 훈련하고 연습해 두어야 합니다.

저는 달리기를 합니다. 예전에는 오전 시간에 집중력이 떨어지고 몸이 개운하지 않았거든요. 거의 매일 30분 정도 뛰었더니 하루 종일 활력을 유지하는 데 도움이 되었습니다. 처음 시작할 때는 힘들었습니다. 두 달쯤 지나니까 운동을 거르면 오히려 운동하고 싶다는 생각이 들었습니다. 피곤하고 예민해졌다고 느낄 때 열심히 뛰기만 해도 기분이 좋아지고 활력을 되찾을 수 있었습니다.

뛰는 것이 힘들다면 '마인드풀니스 워킹mindfulness walking'을 추천합니다. 30분 정도 산보를 하십시오. 그냥 걷는 것이 아니라 걸으면서 신체 감각과 주변의 빛과 소리에 집중해 보세요. 발을 내디딜 때 발바닥 감촉에 집중해 보세요. 발이 땅과 접촉하는 부위에 느껴지는 감각과 땅으로부터 전해지는 감각을 느끼려고 주의를 기울이면서 걸어 보세요. 손바닥을 스쳐 가는 바람을 느껴 보세요. 하늘의 빛깔과 구름 모양에도 주의를 기울여 보세요. 조금씩 흐르는 땀방울, 코와 폐로 들어가는 공기의 흐름에도 집중하면서 걸어 보세요. 신체 감각에 주의를 기울이며 걸으면 생각이 정돈됩니다. 긴장도 풀립니다.

공간이 달라지면 마음도 달라진다

날씨가 변하면 감정이 변하듯,
공간이 달라지면 마음도 달라집니다

하루 종일 집에만 있는 우울증 환자에게 "잠깐이라도 카페에 앉아 사람 구경을 해보세요"라고 설득했습니다. 가벼운 운동조차 힘들다고 하니 고육지책으로 제안한 과제였습니다. 아무리 약을 먹어도 생활이 건강하지 못하면 우울증은 낫지 않습니다. 아침에 눈을 뜨고도 침대에 계속 누워 있다가 대충 때우듯이 식사하고, 방 안에 틀어박혀 스마트폰만 보고, 새벽이 되어 잠든다면 활기가 생길 리 없습니다. 기분이 바뀌려면 일상이 변해야 합니다. 골방에 틀어박혀 '나아지고 싶어!'라고 생각하는 것만으로 그렇게 될 리 없습니다.

사람을 성장시키는 경험 중에 가장 영향력이 큰 것은 타자와의 만남이고, 그다음이 공간 체험입니다. 공간이 달라지면 사람도 달라집니다. 일상을 담는 공간은 우리가 느끼는 복잡한 감정과 무심코 하는 행동에 지속적으로 영향을 끼치기 때문입니다. 그런 면에서 '카페에 앉아 사람 구경하기'는 무기력에서 벗어나려는 이가 활용할 수 있는 좋은 기법 중 하나입니다.

공간을 바꾸는 것이 효과적인 심리 치료라고 저는 믿고 있습니다. '나'라는 사람은 레고 블록처럼 손쉽게 분해하고 재조립할 수 없습니다. 설령 그렇게 된다 하더라도 시간이 어마어마하게 걸릴 것입니다. 하지만 보고 듣는 것이 달라지면 억지로 바뀌려 하지 않아도 화선지에 먹물이 스며들 듯 서서히 변합니다. 달라진 공간에 머물며 시간의 흐름에 따라 자연스럽게 변해야 오래갑니다. 교조적 지시에 따른 행동은 얼마 안 가 사라집니다.

학창 시절 저는 방 배치를 종종 바꿨습니다. 공부하

기 싫어서 그랬을 수도 있지만 나름 기분 전환도 되고 무엇보다 공부에 더 집중하게 됐기 때문입니다. 어른이 된 지금도 틈날 때마다 서재나 병원의 공간 구성을 크고 작게 바꾸곤 합니다. 외부의 풍경이 내면 풍경을 바꿔 놓는다는 걸 알기 때문입니다. 머무는 공간이 내가 지향하는 가치와 조금이라도 더 조화를 이루게끔 만들고 싶기 때문입니다.

나를 둘러싼 맥락을 바꾸는 건 정체성을 변화시키려는 시도입니다. 새로운 장소에 나를 옮겨놓는 건 달라지겠다는 결심의 실현입니다. 자아실현을 위해서도 그에 걸맞는 공간이 필요합니다. 인간은 환경과 상관없이 순수한 영혼의 의도에 따라 생각하고 행동하는 존재가 아닙니다. 인간은 공간적 존재입니다.

우울증 환자에게 "몸을 움직이세요"라고 아무리 말해도 귓등으로 흘려듣더니 공원 옆으로 이사한 뒤에는 시키지 않아도 혼자 나가 바람을 쐬고 돌아왔습니다. 반려견을 입양했더니 산책을 데리고 나가기 시작했습니다. 집 안 곳곳에 책을 놓아두자 독서량이 늘었습니다. 먹방 프로그램을 안 보고 군것질거리를 안 사뒀더니 폭식에서 벗어날 수 있었습니다. “마음가짐이 중요하지 환경이 뭐가 중요하냐!”는 말은 인간의 마음이 어떻게 작동하는지 몰라서 하는 소리입니다.

술에 의지할수록 상처는 덧난다

술로 회피한 고통에는 반드시 후폭풍이 뒤따릅니다

환자들의 음주 습관 때문에 실랑이를 종종 합니다. 우울과 불안, 그리고 불면증을 치료하는 동안 금주하라고 설득하는데, 이게 쉽지가 않습니다. 분하고 억울해서, 끓어오르는 화를 누그러뜨리려고 어쩔 수 없이 술을 마시는 거라고 환자들은 항변합니다. 맨정신으로는 현실의 괴로움을 견딜 수가 없어서 술을 마시는 건데, 그런 자기 마음을 이해해주지 않고 금주하라며 자신을 압박한다고 제게 도리어 화를 내기도 합니다. 치료에 도움이 되라고 말했던 건데 환자는 짜증이 났는지 대뜸 제게 "선생님은 술 안 마시세요!"라고 되묻기도 했습니다.

음주 습관을 조절하는 건 정신건강을 지키는 데 매우 중요합니다. 잠이 오지 않아서 술을 한두 잔씩 하다 보면 불면증은 악화됩니다. 한잔 마시는 술이 빨리 잠드는 데 도움이 되는 것 같아도, 자는 동안 혈중 알코올 농도가 떨어지면서 중간에 자주 깨고, 꿈 많은 잠을 자게 되기 때문입니다. 수면의 질이 나빠지는 것이지요. 만성적인 음주에 익숙해진 뇌는 평소에는 과잉 흥분 상태가 유지되고, 술 없이는 긴장을 누그러뜨리지 못하게 됩니다.

공황 발작을 일으키는 흔한 원인 중 하나도 술입니다. 술을 마시면 순간적으로는 이완이 되지만 술이 깰 때쯤의 뇌는 과각성 상태가 됩니다. 폭음한 다음 날 아침에 공황 발작이 잦은 이유입니다. 실제로 공황장애 환자가 술 마신 다음 날 새벽에 샤워하다가 가슴이 조이고 숨이 막히면서 죽을 것 같은 공포가 밀려와서, 옷도 제대로 챙겨 입지 못한 채 놀라서 응급실을 찾는 경우도 있습니다.

우울증은 건강하지 못한 생활 습관과 밀접하게 연결되어 있습니다. 2011년부터 2014년까지 2,511명의 일반 성인을 대상으로 1년마다 우울감과 음주 문제를 조사해서 분석했더니 전년도의 음주가 다음 해의 우울증 위험을 높이는 것으로 나타났습니다. 당뇨 환자가 탄수화물 섭취를 조절하지 않고 운동을 제대로 하지 않으면 혈당 조절에 실패하는 것처럼 우울증도 생활 습관이 나쁘면 제대로 치료되지 않습니다. 우울증 환자가 술을 끊어야 하는 건 두말할 나위도 없는 사실인 것이지요.

'기분 좋게 하기 위해서' 때로는 '기분이 처지지 않게 하려고' 우리는 술을 마십니다. 분위기가 가라앉지 않게 하려고 여럿이 모였을 때 술의 힘을 빌려 흥을 돋우기도 합니다. 황홀감에 젖는 건 도파민이 뇌의 측좌핵을 활성화시키면 분출되는 내인성 오피오이드가 전두엽을 자극하기 때문입니다. 술을 마시면 알코올은 20분 안에 뇌에 흡수되어 도파민과 똑같은 방식으로 쾌락 중추를 자극합니다.

문제는 우리가 좋은 느낌만을 쫓으려 할 때 생깁니다. 기분은 항상 좋을 수 없습니다. 자연스럽게 기분이 변화하는 과정에서 우울은 반복해서 찾아옵니다. 불안은 실존에서 떼어낼 수 없는 한 부분입니다. 불확실한 세상에 내던져진 인간이 느껴야만 하는 당연한 감정입니다.

술로 우울과 불안에서 벗어날 수 없습니다. 부정적인 감정을 술로 억누르다 보면 정서를 수용하고 조절하는 힘은 약해지고 나중엔 더 큰 아픔을 겪게 됩니다.

음주는 심리적 회피와 같습니다. 자기 문제에서 도피하려고 술을 마시는 것이지요. 스트레스받아 괴롭다고 술로 뇌를 마취시키려고 해선 안 됩니다. 이런 유혹이 찾아오면 스스로에게 물어야 합니다. "술을 마셔서 잊어버리고 싶은 나의 진짜 문제는 무엇인가?" 하고 말입니다. 고통스러울 때마다 술 생각이 난다면 '내가 받아들여야만 하는 현실에 직면할 용기가 없어서 술을 찾는 건 아닌가?' 하고 자기 마음을 점검해봐야 합니다.

한순간에 바뀌는 것은 없다

변화를 일으키려면 100일이 필요합니다

사람들은 우울해지면 어떤 일이든 즐겁지 않고 의미가 없다는 생각에 빠집니다. 그래서 움직여 봐야 아무런 도움도 안 될 거라고 여기게 됩니다. 하지만 실제로 활동하다 보면 예상과는 달리 즐겁고 만족스럽다는 것을 그제야 알게 됩니다. 일단 해봐야 그것이 내 삶에 어떤 영향을 주고, 내 정신에 어떤 효과를 줄지 알게 됩니다. 해보기 전에는 알 수 없습니다.

노력하는데 달라지지 않는다고 호소하는 사람도 있

습니다. 노력할수록 더 지치기만 하고 나아지는 것이 없다고 하면서요. 사람마다 상황은 다르겠지만, 이럴 때는 지금 하고 있는 방식을 멈추고 자신의 상황을 돌아봐야 합니다. 길을 가다가 웅덩이에 빠진 농부가 손에 들고 있던 삽으로 웅덩이 속에서 계속 삽질만 하고 있는 것과 비슷한 상황일지 모르니까요.

웅덩이에 빠졌는데 '익숙한 것만 계속하면 해결되겠지' 하고 삽질만 하고 있으면 더 깊게 가라앉습니다. 이렇게 해봐야 힘만 들고 상황은 나빠집니다. 그런데도 익숙한 것을 쉽게 놓지 못합니다. 스트레스받을수록 익숙한 것에 더 매달리게 됩니다. 이런 상태에서는 잠시 멈추고 아무것도 하지 않는 것이 더 낫습니다.

잘될 때도 있고 그렇지 않을 때도 있겠지만, 변화를 일으키려면 100일이 필요합니다. 아이들 백일잔치도 100일이 되어야 하고, PT도 보통 3개월 단위로 끊지요. 기업 실적도 쿼터로 발표하고요. 삶에서 변화를 확인하기 위한 최소기간이 100일입니다.

처음에 3개월을 계속하라고 하면 엄두가 나지 않

을 겁니다. 잘되는 날과 그렇지 않은 날이 들쭉날쭉하게 반복될 겁니다. 하지만 그런 오르내림도 모두 자연스러운 과정입니다. 완벽하게 100일 동안 계획한 바를 다 이루겠다, 라고 스스로에게 부담 지우지 말고 목표를 달성하는 빈도를 높여가겠다, 라고 마음먹는 게 좋습니다. 처음에는 일주일에 3번 성공했는데, 한 달이 지났더니 5번 성공하도록, 목표를 달성하는 날짜가 많아지면 됩니다. 잘되지 않는 날이 있더라도 100일을 꾸준히 노력하겠다는 마음을 잃지 않아야 합니다. 물론 쉽지 않습니다. 익숙하지 않은 활동을 100일 동안 계속하는 데에는 고통이 따릅니다. 하지만 이 시기를 잘 견뎌 내면 확실히 정신적으로 더 건강해집니다.

담배를 끊는다는 것은 무척 어려운 일입니다. 금연에 성공한 사람들을 연구해 보면 고통을 감내할 줄 아는 사람이 금연에도 성공한다고 합니다. 연구에서 실험참가자가 담배를 끊기 전에 몇 가지 테스트를 해보았습니다. '할 수 있는 만큼 최선을 다해서 오랫동안 숨 참기', '쉽지만 헷갈리는 수학 문제를 최대한 빠르게 많이 풀기', '어지러울 정도로 숨 빠르게 쉬기'와 같은 테스트를 했을 때, 이것을 최대한 해내려고 노력하는 사람이 금연에 성공할 가능성이 높았습니다.

숨 쉬는 것이나 수학 문제를 푸는 것은 금연과 아무런 상관이 없지요. 하지만 테스트에 동반된 고통을 잘 견디는 사람은 흡연에 대한 유혹도 잘 참아 낸다는 것입니다. 고통을 수용할 수 있어야 마음 건강도 잘 돌볼 수 있다는 의미입니다.

5장

있는 그대로의 나를 사랑하자

부정적인 감정도 약이 된다

궁정은 부정과 적당히 섞여 있을 때
최고의 효과를 나타냅니다

우리 마음은 유쾌한 친구가 될 수 없습니다. 좋은 감정과 좋은 생각만 떠오르면 얼마나 좋겠습니까. 하지만 실제 우리 마음은 그렇지 못할 때가 더 많습니다. 잠을 조금만 못 자도 짜증이 납니다. 조금만 스트레스를 받아도 걱정이 늘어나게 마련입니다. '아, 인생은 아름다워' 하는 생각보다 돈 걱정, 취직 걱정, 성적 걱정을 더 많이 하는 것이 인간입니다.

이것은 인간의 자연스러운 본성입니다. "나는 낙관주의자야"라고 말하는 사람도 실제 생활을 들여다보면 사소한 문제에 걱정하고, 친구와 싸우고, 별것 아닌 일에 짜증을 부립니다. 항상 긍정적이고 낙관적인 사람은 없습니다. 스트레스를 받고 좌절하게 되면 금세 비관론자, 짜증을 잘 내는 사람으로 바뀌고 마는 것이 인간의 나약한 본성입니다.

'좋은 마음만 가져야지' 하고 스스로를 옥죄면 스트레스가 늘어납니다. 긍정적이고 낙관적인 것 자체를 부정하는 것이 아닙니다. 그렇게 살아야 한다는 강박에 빠지지 않아야 한다는 겁니다.

우리 마음은 긍정적인 것과 부정적인 것이 적당히 섞여 있어야 효과적으로 작동합니다. 긍정적인 측면과 부정적인 측면을 함께 고려할 때 가장 좋은 결과물을 얻습니다. 이것은 심리학 연구를 통해 확인된 사실입니다.

피험자를 세 집단으로 나누고, 한 집단에 두 명씩 짝을 지어 협상하도록 지시했습니다. 첫 번째 집단에는 긍정적인 것과 부정적인 것을 함께 고려하도록 지시했습니다. 두 번째 집단에는 긍정적인 것만 생각하도록 했고, 세 번째 집단에는 부정적인 것만 생각하도록 지시했습니다. 첫 번째 실험군, 즉 긍정적인 것과 부정적인 것을 모두 고민하도록 했을 때 파트너 사이에 협조가 잘 이루어져 서로 윈윈win-win하는 상황을 이끌어 냈습니다. 무조건 긍정적으로 생각하기보다는 부정적인 요소를 같이 고려할 때 성과가 좋다는 것이지요. 이것을 '정신 대비법mental contrasting'이라고 부릅니다.

부정적인 것에 휩싸여 있는 것도 안 좋지만, 무조건 긍정적으로 생각한다고 결과가 좋아지는 것도 아닙니다. 긍정은 부정과 적당히 섞여 있을 때 최고의 효과를 나타냅니다.

우울, 불안, 외로움, 후회와 같은 감정은 인류의 역사와 함께해왔습니다. 이런 감정이 없었다면 인간은 생존하지 못했을 겁니다. 우울은 삶에서 중요한 것을 상실했을 때 나타나는 감정입니다. 우울은 상처받은 자신을 돌보라는 메시지입니다. 우울한 얼굴을 하고 있는 사람을 보면 그를 위로해야겠다는 마음이 듭니다. 우울은 다른 사람의 도움을 이끌어 내는 기능을 갖고 있습니다.

불안도 나름의 역할이 있습니다. 다가올 위험을 감지했을 때 나타나는 것이 불안입니다. 미리미리 준비하는 것도 불안을 느끼기 때문입니다. 불안 덕택에 위험을 피할 수 있습니다. 불안이 사라지면 인간의 감수성도 무더집니다. 불안이 감정의 칼날을 날카롭게 만들어 주니까요.

외로움이라는 감정은 혼자서 살 수 없는 인간에게 나 아닌 다른 누군가를 곁에 두고 살라고 뇌가 명령하는 것입니다. 외로움을 느낄 때 괴로운 이유는 혼자 남는 것이 생존에 위협이 되기 때문입니다. 인류 역사에서 혼자 남겨진 사람은 살아남지 못했습니다. 소외되는 것에 대한 공포는 인간의 마음에 뿌리 깊게 박혀 있습니다. 외로움이라는 감정 덕택에 우리는 타인과 관계 맺으며 살아갈 수 있습니다.

후회는 우리가 과거를 기억할 수 있기 때문에 느끼는 감정입니다. 기억하는 능력이 없었다면 후회라는 감정도 없을 겁니다. 후회라는 감정을 모조리 없애 버린다면 추억의 힘으로 현재의 고난을 이겨 내는 능력마저 사라지고 말 겁니다.

걱정이 생기는 걸 걱정하지 마라

인간은 걱정하는 존재라는 사실을 인정해야 합니다

스트레스받고 좌절했을 때 '왜'라는 생각에 빠져들면 더 괴로워집니다. '나는 왜 이렇게 스트레스를 받고 있을까? 왜 기분이 좋지 않을까? 왜 스트레스를 극복하지 못할까? 왜 행복하지 않을까?' 하는 생각에 파고들면 불행해집니다. 삶에는 정답이 없습니다. 생각에 파고든다고 정답이 나오는 것도 아닙니다.

삶의 본질적인 질문에는 한 가지 답만 있는 것도 아닙니다. 답을 알아내겠다고 마음속으로만 파고들면 우울해지고 지금 이 순간에 소중한 것을 놓칩니다.

세상에서 가장 힘든 일이 생각을 바꾸는 것입니다. 특히 걱정을 긍정적 생각으로 바꾸는 것은 과장이 아니라 불가능에 가깝습니다. 우리는 쉽게 말합니다. "걱정 좀 그만해. 비관적으로만 생각하지 마"라고요. 하지만 말처럼 쉽게 되지 않습니다. 걱정이 많은 사람에게 이렇게 조언하면 더 괴로워합니다. '누군들 몰라서 그렇게 안 하나' 하고 거부감이 생깁니다. '나는 왜 이 모양일까' 하고 자책하게 만들 수도 있습니다.

인간은 걱정하는 존재입니다. 우리 뇌는 미래의 위험에 대비하도록 최적화되어 있습니다. 걱정을 완전히 없애겠다는 것은 뇌의 작동을 멈추겠다는 것과 다를 바 없습니다. 그러니 걱정을 몰아내기 위한 싸움의 결과는 언제나 패배입니다.

걱정하지 않겠다고 다짐하기보다 인간은 걱정하는 존재라는 사실을 인정해야 합니다. 괴롭더라도 걱정을 받아들여야 합니다. 걱정을 무조건 없애려고 하기보다는 걱정과 새로운 관계를 맺겠다는 마음가짐이 필요합니다. 걱정을 두려워하거나 불쾌하게 여기지 않고 걱정과 친숙해지겠다고 말이지요. 그렇게 되고 나면 '걱정은 걱정일 뿐, 사실이 아니다. 최악의 경우 그런 일이 생기더라도 나는 잘 살아갈 수 있다'는 자신감도 따라오게 됩니다.

예민한 게 아니라 섬세한 것이다

관점을 바꾸면 자신을 긍정할 수 있게 됩니다

"너무 예민한 내가 싫어요"라며 상담실을 찾아오는 사람이 있습니다. 스스로 생각하기에 예민한 부분이 있을 수는 있지만, 이렇게 자기 자신을 예민한 사람으로 단정 지어서는 안 됩니다.

삶의 대부분은 자신이 예민하다고 느끼는 것과 아무런 상관없이 흘러갑니다. 자기 능력과 재능도 예민함과 아무런 연관이 없습니다. 그런데 함부로 자신을 예민한 사람이라고 단정 짓는다면 마치 '나'라는 사람 전체가 그런 것으로 잘못 인식하게 됩니다. 스스로를 부정적으로 받아들이게 됩니다.

'나는 때때로 감정적이 될 때도 있어. 하지만 대부분은 적절히 반응하고 있는 편이야' 하고 자신에 대해 제대로 인식해야 합니다. 한쪽으로 치우쳐서 바라보면 안 됩니다. 그리고 예민함의 장점을 새롭게 인식해야 합니다.

감정적으로 예민한 사람은 다른 사람을 깊게 걱정하고 신경도 많이 씁니다. 신경을 많이 쓰는 만큼 타인에 대한 관심과 애정도 깊습니다. 예민한 사람은 보통 사람이라면 무심코 지나치는 것도 세심하게 느낍니다. 정서의 스펙트럼이 보통 사람보다 넓고 깊습니다. 남들이 느끼지 못하는 것, 쉽게 지나쳐 버리는 감정도 깊게 음미하고 표현할 수 있습니다.

예민해도 괜찮습니다. 오히려 당당하게 예민해져야 합니다. 기죽지 말아야 합니다. "난 예민한 편이어서 더 잘할 수 있어"라고 말해도 괜찮습니다.

인간의 속성은 어느 하나도 버릴 것이 없습니다. 좋

은 성격, 나쁜 성격이라고 함부로 규정해서는 안 됩니다. 반사회적 인격장애처럼 극단적인 경우를 제외하고는 좋고 나쁜 성격이란 따로 존재하지 않습니다. 인간의 본질적 속성들에 대해 옳고 그름, 선과 악을 구분하는 것은 무의미합니다. 인간은 그 자체로 옳으며, 인간이 가진 모든 속성은 다 나름의 기능을 갖고 있으니까요.

완벽하지 않아서 아름답다

완벽의 반대는 실패가 아닌 수용입니다

과도하게 목표를 세우고 그것에 도달하지 못했다고 자신을 비난하거나, 최선을 다하고도 만족하지 못한다면 완벽주의의 함정에 빠진 것입니다. 완벽해지려고 애를 쓰는데도 모든 일이 꼬여 있는 것 같다고 느낀다면 완벽주의의 덫에 걸린 것입니다. 새로운 경험에 자신을 던져 넣지 않은 채 확실한 것만 찾아다닌다면 완벽주의의 역설에 휘말려 든 것입니다.

완벽에 대한 충동이 강한 사람이 스트레스에 약한

경우가 많습니다. 완벽주의가 삶을 풀어 가는 묘약이라고 여기기도 하지만, 독이 되기도 한다는 걸 알아야 합니다.

완벽주의적인 사람은 '한 번 실수는 영원한 실패다'라는 왜곡된 믿음을 갖는 경우가 많습니다. 그래서 공부를 하거나 일을 할 때 지나치게 긴장합니다. 긴장해서 실수가 늘어납니다. 실수에 대한 공포 때문에 실수가 더 잦아집니다. 그러다 보면 완벽할 수 없는 일을 회피해 버립니다. 모험이나 도전은 시도조차 하지 않습니다. 실패에 대한 불안 때문에 스스로 의욕을 꺾어 놓기도 합니다.

이쯤 되면 완벽주의는 완벽해지도록 도와주는 것이 아니라 오히려 자기 파괴적인 칼날을 휘두르게 됩니다.

세상은 불확실한 것투성입니다. 그런데 완벽주의자는 불확실한 것을 불완전한 것이라 믿고 회피합니다. 새로운 것은 안전하지 않다 여기고 시도조차 하지 않습니다. 완벽에 집착하는 사람일수록 완벽해질 수 있는 기회를 스스로 거부하는 역설에 빠집니다.

완벽해야 한다고 매달리면 무엇도 결정할 수 없게 됩니다. 완벽주의자는 모든 것이 완벽하게 통제되어야 한다고 믿습니다. 이리 재고 저리 재면서 모든 것이 확실해지기를 기다립니다. 완벽한 조건이 갖추어지지 않으면 어떤 결단도 내리지 못합니다. 계속 머뭇거립니다. 속절없이 시간만 흘려보내기 일쑤입니다. 완벽에 대한 강박 때문에 한 발짝도 앞으로 내딛지 못하게 되는 덫에 빠집니다.

완벽주의의 덫에 걸린 완벽주의자는 이미 충분한 일을 더 완벽하게 만들려고 애씁니다. 별것 아닌 것도 큰 실수인 것처럼 느끼고, 그것을 해결하려고 자기 자신을 쥐어짭니다. 성취해도 만족감을 못 느낍니다. 만족의 순간이 찾아와도 다른 결점을 찾아다니느라 성취감을 만끽하지 못합니다.

완벽해야 한다고 무조건 달려들 것이 아니라, 완벽에 집착하면 긴장 때문에 오히려 실수할 수 있으니 마음 편하게 먹자, 라고 생각해야 합니다. 뜻대로 되지 않아도 최선을 다했으니 만족하자, 라고 생각해야 합니다.

완벽이라는 환상에 빠져 있으면 자신을 미워하게 됩니다. 인간은 완벽할 수 없고, 누구나 실수합니다. 완벽해야 사랑받을 수 있다고 믿으면 작은 실수에도 자신을 비난하게 됩니다. 완벽하지 않다고 자신을 탓해서는 안 됩니다.

완벽함은 인간적인 요소가 아닙니다. 아무리 완벽하려 해도 누구나 실수하고 잘못을 저지릅니다. 죽을 때까지 불완전한 채 살아갈 수밖에 없습니다. 다른 사람들은 다 멀쩡한 것처럼 보여도 그 속을 한 꺼풀 벗겨 놓으면 약한 부분, 흠집 난 부분, 모난 부분, 병든 부분을 누구나 갖고 있습니다.

무조건 완벽해야 한다고 믿으면 다른 사람에게도 완벽을 강요하게 됩니다. 이런 생각을 품고 있으면 인간관계도 틀어집니다. 완벽하지 않다는 것을 받아들일 수 있어야 합니다. 그래야 있는 그대로를 사랑하며 살 수 있습니다.

완벽을 향한 열망도 좋지만, 완벽하지 않은 자기, 완

벽하지 않은 타인을 품을 줄 알아야 제대로 살 수 있습니다. 완벽의 반대는 실패가 아닙니다. 완벽의 반대는 수용입니다.

마음에도 스트레칭이 필요하다

실패한 나를 다그치지 말고,
그럼에도 최선을 다한 나 자신을 칭찬해 줘야 합니다

넘어져도 뼈가 다치지 않으려면 평소에 신체적 유연성을 길러 두어야 하지요. 마찬가지로 힘든 일을 겪어도 좌절하지 않고 다시 일어서려면 마음에도 유연성이 필요합니다.

심리적 유연성을 기르기 위해서는 '반드시 해야만 한다'고 스스로를 다그치기보다는 '할 수 있으면 좋을 텐데' 하고 자신을 다독여야 합니다. '완벽하지 않으면 실패야!' 하고 극단적으로 생각하기보다는 '최선을 다한 나 자신이 대견해' 하고 스스로를 칭찬해 줘야 합니다. 자기 자신과 친해질 수 있어야 심리적으로 유연해집니다.

마음에 공간을 두고 느슨해질 수 있어야 창조력이 커집니다. 창조적이라는 것은 전통적인 관계를 해체하고 새롭게 관계를 만드는 작업입니다. 새로운 것을 만들어 내는 것이 아니라 세상에 존재하는 A와 아무런 관련 없어 보이는 Z 사이를 연결할 줄 아는 능력입니다.

창조라는 힘이 발휘되려면 새로운 연결 이전에 전통적인 연결 고리가 끊어져야 합니다. 고정관념, 전통적 생각, 보편적인 지식의 고리로부터 자유로워야 새로운 연결 고리를 만들어 낼 수 있습니다.

팽팽한 긴장 속에서는 창조적일 수 없습니다. 뭔가를 꼭 붙들고 있는 상태에서는 창조적일 수 없습니다. 붙들고 있는 것을 놓을 수 있어야 창조적일 수 있는데, 그러려면 용기가 필요합니다.

느슨해진다는 것, 무언가를 놓는다는 것은 두렵고 불안을 느끼게 만듭니다. 창조할 때 두려움을 느끼는 것은 자연스러운 현상입니다. 불안을 느끼는 것은 지금 하고 있는 일이 창조적이기 때문입니다. 자신에게 창조성이 없다고 한탄하는 사람이라면 내가 창조적인 사람인가 아닌가를 의심하기 전에 '과연 나는 내가 가진 것을 놓아 버릴 만큼의 용기를 가지고 있는가?'에 대해 먼저 물어야 합니다.

타인을 인정해야 관계가 쉬워진다

다른 사람이 변하기를 바란다면
있는 그대로 그 사람을 존중해 주어야 합니다

건강하고 믿음직한 관계를 맺고 싶다면 상대를 기꺼이 받아 주고 품어 주어야 합니다. 사람은 자신이 있는 그대로 받아들여질 때 진실해집니다. 정신과 의사의 역할 중 하나가 수용적 환경을 제공하는 것입니다. 환자의 이야기를 속단하지도, 쉽게 평가하지도, 비판하지도 않습니다. 환자 이야기를 모두 들어줍니다. 있는 그대로 이해하려고 하고, 있는 그대로 받아들입니다.

인간관계도 똑같습니다. 누군가가 자신을 자꾸 평가하거나 판단한다고 느끼면 그 사람에게는 진짜 모습을 감추게 됩니다. 그 사람이 평가하는 취향과 기준에 맞춰 자신을 속이고, 이렇게 속인 자기 모습만 보여 줍니다. 그렇게 되면 그 사람과의 관계는 점점 불편해질 수밖에 없습니다.

타인을 있는 그대로 받아들이지 못하고 억지로 변화시키려는 욕심이 클수록 관계는 악화됩니다. 결혼 후에 배우자의 성격이나 습관을 변화시키려는 시도는 대부분 실패합니다. "나를 사랑한다면 이렇게 바뀌어 줘"라고 말하는 것처럼 부질없고 서로를 힘들게 하는 말도 없습니다. 이런 바람을 가지고 있다면 서로에게 고통만 줄 뿐입니다. 자신의 행복을 위해 그 사람의 존재 방식을 바꿔야 한다면 그건 진정한 사랑이 아닙니다.

'내가 그 사람에게 존중받고 있구나' 하는 느낌이 들면 사람은 조금씩 변합니다. 특정한 말이나 행동보다 내가 존중받고 있다는 느낌에 사람들은 민감하게 반응합니다. 존중이란 타인이 나를 성장 잠재력을 가진 존재로, 자율적인 존재로 인정하는 것을 말합니다.

나의 감정이 소중한 만큼 다른 사람의 감정도 소중합니다. 내 감정이 다치면 화가 나고 슬픈 것처럼 타인의 감정도 마찬가지입니다. 타인의 감정도 배려하고 아껴 주어야 할 대상입니다. 공감이나 연민을 느낀다는 것도 타인의 감정을 이해하고 그것을 손상시키지 않겠다는 의지에서 비롯됩니다. 배려와 관용도 타인의 감정을 있는 그대로 존중하겠다는 정신에서 나옵니다. 그 사람이 현재 느끼는 감정이 어떤지를 살피고 상처받지 않도록 하겠다는 의지가 중요합니다. 그리고 그런 의지의 실천이 필요한 것이지요.

있는 그대로 인정하고 다독여 주자

누군가 자신을 인정해 준다는 믿음이 한 사람을 변화시키고,
그가 목표를 향해 뚜벅뚜벅 걸어가게 만듭니다

사랑하는 사람이 감정적으로 힘들어한다면 어떻게 위로해 줄 수 있을까요? 다음 세 가지 방법을 기억해 두시기 바랍니다.

사랑하는 친구가 다른 누군가로부터 언짢은 말을 듣고 난 뒤 우울해하고 있다고 가정해 봅시다. 이런 경우 "야, 그냥 훌훌 털어 버려"라고 조언하기도 합니다. 친구가 울고 있으면 처음에는 잘 들어주다가 나중에는 "왜 자꾸 질질 짜고 그래. 이제 그만 잊어"라고 말하기도 하고요. 하지만 이런 것들로는 사랑하는 친구의 마

음을 충분히 위로해 주기 어렵지요. 오히려 친구의 마음을 더 다치게 합니다.

첫 번째로 친구의 감정을 확인하는 것이 중요합니다. "그 일로 많이 아팠구나. 그래서 지금 우울하구나. 바보같이 당하고 있었던 것 같아서 화가 났나 보구나" 하고 친구의 감정을 읽어 주는 것이지요. 친구의 감정을 내가 잘 알고 있다는 것을 말로 표현해서 알려 주어야 합니다. 이것을 '명료화'라고 합니다. "그랬구나" 하고 감정을 인정해 주는 것이지요.

두 번째는 '정상화'입니다. "그런 일을 당하면 누구나 화가 나고 우울할 수밖에 없어. 네가 약해서 그런 것은 아니야. 그 일이 너에게 너무 큰 아픔을 줘서 지금 우울한 거야"라고 친구의 감정이 이상한 것이 아님을, 친구가 약한 사람이라서 그런 것이 아님을 확인시켜 주어야 합니다. '그럴 수 있다'고 알려 주는 것이지요.

마지막으로 친구의 존재 가치를 확인해 주어야 합

니다. 이것을 '승인'이라고 합니다. "그런 일을 겪고도 네 일을 끝까지 해내다니, 역시 너는 책임감이 강하구나. 힘든 일을 견디느라 어려움이 많았을 텐데 네가 존경스럽다"라고 말해 주어야 합니다. 친구의 가치, 긍정적인 측면을 알아주고 그것을 승인해 주는 것입니다. '그럼에도 불구하고 너는 소중하다'는 것을 확인시켜 주는 것이지요.

사람이 어떤 행동을 시작하게 되는 데에는 여러 가지 이유가 작용하지만, 가장 중요한 동기는 나를 존중해 주는 사람이 나를 믿어 준다는 느낌을 받는 것입니다. 누군가 자신을 인정해 준다는 믿음이 한 사람을 변화시키고 목표를 향해 뚜벅뚜벅 걸어가게 만듭니다.

사람은 누구나 자신이 무엇을 원하는지, 무엇을 소중히 여기는지를 잘 아는 사람과 깊은 관계를 맺고 싶어 합니다. 이런 사람과 함께하고자 합니다. 그리고 그 사람을 통해서 위로받고 스스로 더 나은 사람이 되려고 노력하게 됩니다.

6장

나를
믿어주는 순간
인생이 바뀐다

이성으로 감정을 아프게 하지 말자

감정을 무시한 이성적인 판단은 경계해야 합니다

'이성적 판단'이라는 말을 자주 들을 때가 언제인지 떠올려 보세요. 아마도 사람과 사람 사이 혹은 조직과 한 개인, 조직과 조직 사이의 갈등이 커지는 상황에서 이런 말이 가장 많이 오갈 것입니다. 이런 상황에서 이성을 앞세운 결정이나 주장을 얼마나 받아들이게 되었는지도 떠올려 보세요. 그 상황에서 자기 마음속 깊은 곳의 감정이 어땠는지 떠올려 보세요.

누군가가 당신에게 "이성적으로 결정했으니 당신은 이 결정에 따라야 합니다"라고 말하면 어떤 느낌이 들

것 같나요? '상대가 이성에 따라 판단했다고 하니 분명히 좋은 결정일 것이고, 그 말을 따라야지' 하고 진심으로 받아들이게 되던가요? 흔쾌히 상대방의 의견을 수용하게 되던가요?

'이성에 따른 합리적 판단과 결정'을 강요하는 사람과는 깊은 관계를 맺기 어렵습니다. 이런 사람의 말은 조심해서 듣고 심리적으로 경계하게 됩니다. 이성과 합리를 앞세우는 이의 주장을 오히려 신뢰하기 어렵다고 느낄 때가 있습니다. 이성과 합리라는 표현으로 자신을 무장하는 사람에게 거부감을 느끼기도 합니다. 상대를 이성으로 제압하려고 들기 때문입니다. 이런 의도를 갖고 있는 사람과는 진실한 관계를 맺기 어렵습니다.

이성과 합리를 앞세우는 사람은 심리적으로 경직되어 있을 가능성이 높습니다. 이런 사람들은 자기 결정이 이성을 통해 판단한 것이므로 자신과 다른 결정은 비이성적이며 비합리적일 것이라고 단정합니다. 다른 의견은 이성적이지 않으며 합리적이지도 않을 것이라고 이미 거부 의사를 마음에 깔고 있는 것이지요.

그러니 생각을 나누고자 하는 마음도 없습니다. 겉으로는 "대화와 토론을 통해 해결합시다"라고 말하면서 상대를 폄훼하고 이성과 합리라는 말로 자신의 의견을 폭력적으로 강요합니다.

사람은 관계 속에서 빛이 난다

'사랑하는 누군가'를 마음속에 떠올릴 수 있다면
어떤 어려움도 이겨 낼 수 있습니다

우리는 누구나 죽습니다. 죽고 난 뒤에 세상에 남겨지는 것은 '기억'밖에 없습니다. 다른 사람이 갖고 있는 나에 대한 기억만 남습니다. 타인의 기억 속에서만 '나'라는 사람이 영원히 남습니다. 스스로 아무리 훌륭한 삶을 살았다고 믿어도, 세상을 향해 그렇게 외쳐도, 내가 이 세상에 살았다는 것을 증명해 줄 타인이 없다면 삶은 무의미해집니다. '이런 이유 때문에 저 사람이 싫어', '저 사람과는 결별이야' 하며 하나둘씩 사람을 물리치면 삶은 위축되어 갈 수밖에 없습니다.

물론 도저히 받아들일 수 없는 사람이 있기도 합니다. 저도 그런 사람이 한두 명 있습니다. 나의 가치를 인정하지 않을 뿐 아니라 모멸감을 심어 주는 사람, 이런 사람은 절대 받아들여서는 안 됩니다.

하지만 내가 사랑하고 나를 사랑해 주는 사람, 나를 믿어 주고 내가 믿고 싶은 사람이 곁에 있다면 비록 그가 실수하더라도, 내가 원하는 대로 따르지 않거나 가끔 상처를 주더라도 받아들여야 합니다. '그럴 수도 있지', '내가 모르는 뭔가가 있어서 어쩔 수 없이 그런 것일 거야' 하고 상상하며 수용해야 합니다. 결국 인생이란 '옆 사람'이 없으면 아무 의미도 없으니까요.

이전에는 스트레스를 받으면 우리 인간은 싸우거나 도망가는 두 가지 중 하나로 반응한다고 알려져 왔습니다. 하지만 최근 연구를 보면 스트레스에 대해 '보살핌'과 '친구되기'로 반응한다고 합니다. 힘든 상황에서 친구가 되어 서로를 위로하고 위로받으려 한다는 것이지요. 이것이 스트레스에 대한 인간의 자연스러운 행동 반응이라는 겁니다.

친구되기와 보살핌 반응은 우리 뇌에서 옥시토신 oxytocin이라는 호르몬을 분비하게 만들어서 스트레스의 부정적인 영향을 막아 줍니다. 스트레스 호르몬의 나쁜 영향을 옥시토신이 상쇄해 주는 것이지요.

타인에게 신뢰를 전달하면 뇌에서 옥시토신 농도가 증가합니다. 옥시토신이 안전하다는 느낌을 갖게 만들어 줍니다. 위로받는 것이지요. 타인이 괴로워하는 모습을 보면 옥시토신이 분비되면서 그 사람을 위로해 주어야겠다는 마음이 자연스럽게 생겨납니다. 다른 사람의 처지를 공감하고 도우려는 욕구가 생깁니다. 옥시토신은 사람과 사람을 이어주는 호르몬인 것이지요. 옥시토신의 힘으로 세상의 스트레스를 이겨 내며 살아가고 있다고 해도 과언이 아닙니다.

그런데 요즘 세상은 어떤가요. 혼자 사는 사람이 많아졌습니다. 비혼 남녀도 급격히 늘었습니다. 힘든 일이 있어도 혼자 삭여야 합니다. 괜히 속내를 털어놓았다가 피해 입을까 두려워서 참습니다. 다른 사람에게 피해를 주지 않기 위해 문제를 혼자 해결하려 애씁니다. 살다 보면 힘든 일이 누구에게나 생기는데, 그럴 때 힘이 되어 줄 만한 사람이 없어지게 된 것이지요.

이런 세상은 다른 말로 표현하면 '옥시토신 결핍 사회'라고 할 수 있습니다. 이런 사회에서는 '나는 안전하다. 나는 스트레스를 이겨 낼 수 있다'는 마음이 싹트기 어렵습니다.

인간은 점점 더 추운 곳을 향해 걸어가는 여행자입니다. 삶은 태국이나 발리로 떠나는 여행이 아닙니다. 시간이 흐를수록, 나이가 들수록 우리의 마음은 추워질 수밖에 없습니다. 정신 없이 살다 보면 어느새 북극이나 남극에 다가와 있다고 깨닫는 것이 인생입니다.

점점 추워지고 마는 인생에서 체온을 유지하려면 따뜻한 말 한마디를 전해 주는 누군가가 곁에 있어야 합니다. 우리에게는 그런 사람이 필요합니다. 그래야 삶이라는 여행에서 금방 얼어 죽지 않고 끝까지 건강하게 버텨 낼 수 있습니다.

"성공한 인생이란 무엇일까? 적어도 변기에 앉아서 보낸 시간보다는, 사랑한 시간이 더 많은 인생이다. 적어도 인간이라면."

박민규의 《죽은 왕녀를 위한 파반느》에 나오는 구절입니다. 저는 이 구절을 정말 좋아합니다. 라디오에서 상담할 때 이 문장을 읽어 주었더니 라디오 디제이가 사랑을 굳이 변기에 앉은 시간과 연결시킬 필요가 있느냐며 마뜩잖게 여기던데요. 그래도 저는 이 문장을 참 좋아합니다.

밥을 먹고, 화장실 가고, 숨을 쉬는 것처럼, 나 아닌 누군가를 열렬히 사랑하고 있는 사람은 세상 누구보다 잘 살고 있는 것입니다. 비록 힘들고 괴로워도 '사랑하는 누군가'를 마음속에 떠올릴 수 있다면 어떤 어려움도 이겨 낼 수 있습니다.

우울하다고 비정상인 것은 아니다

우울한 시기가 지나가고 있을 뿐입니다

"선생님은 우울증 약을 드셔보신 적 없어요?" 어떤 환자가 제게 이렇게 물은 적이 있습니다. 그이는 당연히 제가 항우울제를 복용해봤을 거라는 듯한 표정으로 물었습니다. "아뇨. 아직까지는 없는데요." 제 대답을 들은 환자는 묘한 미소를 지으며 "정신과 치료를 받았다고 고백한 정신과 의사 선생님들도 있잖아요. 직접 먹어 봐야 작용을 정확히 알 수 있는 것 아니에요?"라며 제 말을 못 믿겠다는 듯이 대꾸했습니다.

그런데 내 앞날은 나도 알 수 없는 법. 그 환자에게

이렇게 덧붙여 말했습니다. "언젠가 저도 먹어야만 할 날이 올 수도 있겠죠. 무기력하고 초라한 내가 싫은데도 꾸역꾸역 하루를 살아야만 하고, 그렇게 애쓰며 살고 있는데도 사는 의미가 느껴지지 않아서 절망하게 되면 항우울제를 꼭 먹을 거예요."

불행이 저를 후려치고 있는데도 현실에 묶여 꼼짝달싹할 수 없었던 시절이 있었는데, 그땐 하루 종일 잠만 자고 싶었습니다. 나쁜 일이 하나도 없는데 아침부터 '아, 오늘은 왜 이렇게 힘들지'라며 수렁에 빠진 듯한 느낌이 들 때도 있었습니다.

'이렇게 계속 힘들면 내가 나를 우울증이라고 진단해도 되겠구나'라고 느낀 적은 있지만 그래도 항우울제로 그 고통에서 벗어나려 하진 않았습니다. 몇 번의 고비와 가끔씩 찾아왔던 우울한 나날을 아직까지는 저 자신의 힘으로 떨쳐내왔습니다. 걷고, 뛰고, 음악 듣고, 책 읽고 버티다 보면 우울은 시간의 물결을 따라 저멀리 떠내려가곤 했습니다.

하지만 앞으로도 계속 그렇게 할 수 있을 거라고 장담할 수는 없습니다. 우울증을 날려버릴 만큼 격렬하게 뛰기가 점점 어려워질 것이고, 제 뇌의 기쁨 회로는 젊을 때만큼 쌩쌩하게 돌아가지 않을 테니까요.

이런저런 항우울제를 다 처방해보고 나름대로 최선을 다했지만 무기력과 무감동이 나아지지 않아 애를 먹고 있는 우울증 환자 한 명이 있었는데요. 그이의 표정이 진료가 끝난 후에도 간유리에 반사된 이미지처럼 떠오르며 '내가 치료를 제대로 못하고 있는 게 아닐까?'라는 생각이 들어 괴로웠습니다.

의사가 모든 환자를 낫게 해줄 순 없습니다. 이런 사례는 늘 있습니다. 그런데 이 환자가 일으킨 감정의 여운은 유독 길고 깊었습니다. 동년배인데다가 지방에서 태어나, 세속적으로만 보면 남들이 선망하는 전문직에 종사하는 남자라는 속성이 비슷하기도 했지만, 그것보단 '나도 한때 그런 적이 있었잖아'라며 우울증에 걸린 그에게서 과거의 저를 봤기 때문입니다.

그에게 이렇게 말해주었습니다. "몸과 마음이 다 무거워서 꼼짝하기 힘들 테지만, 그래도 움직여야 해요. 가만히 있으면 나쁜 생각이 더 떠올라서 편히 쉴 수도 없어요. 나는 우울하면 많이 걸어요. 안 가본 골목길을 찾아 걷기도 하고, 평소라면 차 타고 지나갈 도로를 두 발로 걸어요." 이렇게 말하면 기운 없는 환자가 압박감을 느끼겠지만 그래도 하루 종일 방에 틀어박혀 자괴감만 키우고 있게 내버려둘 순 없었습니다.

그이의 고통이 제 경험치보다 훨씬 커서 그럴 수도 있고, 저의 지난 아픔을 과장되게 기억해서 그럴 수도 있지만, 어쨌든 저는 고통에서 빠져나왔고 그는 그러지 못했습니다. 제가 정신의학 전문가이거나 멘탈이 강해서 그럴 수 있었던 게 아닙니다.

그저 우리는 비슷한 경험을 서로 다른 시간대에 겪었던 것이고, 인생에 평온이 찾아온 시기 또한 달랐기 때문에 그의 고통은 현재 진행형이고, 저의 그것은 과거 완료형인 것일 뿐입니다. 그리고 또 하나, 모든 우울은 반드시 지나가므로 고통의 시간도 언젠간 끝날 텐데, 다만 우리는 그때를 정확히 모르기 때문에 그런 것이기도 합니다.

무기력의 원인은 순응과 복종이다

고민 없이 남이 정해준 길을 빠르게 달리기만 하면,
인생은 결국 허무해집니다

“슬럼프에 빠진 것 같아. 만사가 귀찮아.” 이런 말이 자기도 모르게 입에서 튀어나올 때가 있습니다. 친구와 다툼이 생겨서, 성적이 안 나와서, 하는 일이 잘 안 풀려서, 애인과 헤어져서 등등, 살아가는 의욕을 잃어버리게 되는 이유는 무궁무진하지만 근원적인 이유는 삶이 내가 지향하는 가치에서 멀어졌기 때문입니다.

스트레스받는 이유는 수만 가지지만 근원은 한 가지입니다. 바로 내 삶이 어디로 흘러가는지 알지 못한 채 살기 때문입니다. 내가 추구하는 삶의 가치를 좇아

가고 있으면 스트레스를 덜 받습니다. 우울하고 의욕이 꺾이는 일도 없습니다. 힘들어도 견뎌야겠다는 마음으로 금방 되돌아옵니다.

사람들은 선택을 해야 할 때 두 가지 기준을 고려합니다.

첫 번째 기준은, 그 선택의 결과로 고통이 따를 것인가 혹은 기분이 좋아질 것인가 하는 것입니다. 고통은 적고 기분이 좋아지는 선택을 하려고 하는 것이지요.

두 번째 기준은, 선택이 내 삶의 가치에 맞느냐 아니냐 하는 것입니다. 내 삶에 의미를 가져다주느냐 아니냐 하는 것을 기준으로 삼는 것이지요. 이 기준을 따르면 일이 재미없고 힘들 때에도 그것에 헌신하게 되고, 충족감을 느낍니다. 당장은 괴로워도 장기적으로는 만족하게 되는 것이지요.

저마다 자신의 기준에 따라 선택하고 결정합니다. 어느 쪽이 옳고 그르다고 단정할 수 없습니다. 하지만 분명한 것은 있습니다. 단기적으로는 첫 번째 기준이 좋은 선택일 수 있지만, 장기적으로는 두 번째 기준이 나은 선택이라는 점입니다.

자신이 진정으로 원하는 게 무엇인지 고민하지 않고 살면 사람들은 대체로 다음과 같은 두 가지 행동 방식을 보입니다.

첫 번째는 '순응'입니다. 다른 사람이 하는 것을 그대로 따라 하는 겁니다. 맹목적으로 유행을 따르거나 겉으로 좋아 보이는 것을 흉내 내며 삽니다.

두 번째는 '복종'입니다. 회사, 조직, 사회 등 자신을 둘러싼 환경이 요구하는 것에 무조건 맞춥니다. 그리고 그것에서 벗어나면 불안해합니다. 반복되는 일상에 파묻혀 진정한 내 생각을 갖지 못한 채 살아가게 됩니다.

순응하고 복종해서 살다 보면 어느 순간 허무해집니다. 삶이 무의미해집니다. 순응과 복종으로 살면 열심히 살아도 '내가 지금 뭐 하고 있는 거지?' 하는 의문이 따라붙게 됩니다. 공허함이 찾아옵니다. 지금까지 노력했던 것이 허무하게 느껴집니다. '제대로 산 것 맞나?' 하며 회의감이 듭니다.

의미를 잃어버린 것이지요. 의미 상실증에 걸린 겁니다. 빅터 프랭클 박사가 말한 '누제닉 신경증noogenic neurosis'이 바로 이런 상태입니다. "사는 맛이 없고, 재미가 없어요. 의욕도 없고요. 왜 사는지 모르겠어요"라고 호소합니다. 의미를 찾으려는 의지가 좌절된 상태입니다. 인생의 가치가 흔들리는 것입니다.

사회적으로 성공하면 누제닉 신경증에 걸리지 않을까요? 그것도 아닙니다. 성공했지만 우울증에 걸린 사람, 정말 많습니다. 겉으로는 화려한 삶을 살다가 자살로 생을 마감하는 사람도 많습니다. 사회적 성공만으로는 충만감을 느낄 수 없습니다. '잘 살고 있다'는 확신을 가질 수 없습니다.

돈과 명예에만 의존해서 자신의 가치를 매기는 것은 허위 존중입니다. 성공했지만 우울증에 걸린 사람은 허위 존중을 자존감으로 착각하며 살았던 것입니다. 허위 존중으로 자기 가치를 쌓아 올리면 행복해질 거라고 믿었지만 그게 아니었던 것이지요.

삶의 의미를 향한 원초적 욕망이 좌절되면 인간은 쾌락을 추구하게 됩니다. 능력에 맞지 않는 권력을 좇아 그것을 얻으려 합니다. 돈이라도 많아지면 마음이 채워질 것 같은 착각에 빠집니다. 이것은 모두 실존의 공허에서 벗어나려고 발버둥치는 회피에 불과합니다.

진짜 행복은 소소함 속에 있다

소소한 일상에 전념하는 순간 반짝이며 찾아오는
뿌듯함이야말로 인생이 주는 진짜 의미입니다

한창 공부하고 일하고 연애해야 할 청년이 "사는 게 의미가 없어요"라고 말하면 '탁' 하고 맥이 풀립니다. 답할 말을 찾지 못합니다. 묵묵히 듣고 있게 됩니다. "삶은 소중한 거야!"라고 소리 높여 설득하려다가도 '어차피 죽음으로 끝나는 게 인생인데, 영원한 의미란 없는 거잖아'라는 생각이 제 마음에도 스치기 때문입니다. 하지만 인생 그 자체는 비록 무의미하게 끝나더라도, 우리가 인생 안에서 의미를 느끼며 살아갈 수는 있습니다.

"어차피 죽을 텐데요"라고 입버릇처럼 말하는 이의 손목에 그어진 얇은 자해 자국들을 보고 있으면 '진짜로 죽고 싶었던 걸까?'라고 생각하게 됩니다. '제대로 살고 싶은데, 어떻게 살아야 제대로 사는 건지 몰랐던 것은 아닐까?'라는 생각도 해봅니다. 사는 의미를 느끼지 못하고, 그저 생존하고 있는 자신에 대한 불만을 자해로 드러낸 것일지도 모릅니다.

절대적이고 영원한, 그래서 누구에게나 칭송받는 가치를 추구해야만 한다고 믿으면 인생의 의미를 찾기가 어려워집니다. 죽음 뒤에도 지속되는 거대한 성취를 일궈내야 의미 있다고 여기면 모든 이의 삶은 무의미해집니다. 형이상학적 사고로만 의미를 찾으려고 하면 바람에 쉬이 흩어지는 구름처럼 현실은 덧없게 느껴지고 맙니다. 소소한 일상을 음미하지 못하면 삶은 공허해집니다.

사소해 보이는 것이라도 그것에 애착이 담긴 가치를 심어 넣으면 의미를 느낄 수 있습니다. 저는 설거지를 열심히 합니다. 설거지에는 묘한 매력이 있습니다. 먹고

남은 양념이 묻어 있는 접시를 세제 묻힌 수세미로 둥글게 둥글게 닦고 물로 헹굴 때 손가락 끝과 접시 사이의 마찰력이 뽀드득 소리를 일으키면 기분이 좋아집니다. 흐르는 물로 숟가락과 젓가락을 헹궈낼 때는 가족의 건강을 책임지겠다는 경건함이 차오릅니다. 싱크대를 반짝거리게 닦고 나면 '세균들도 미끄러져 넘어지겠는데…'라고 상상하며 흐뭇해합니다. 누군가는 책장에 쌓인 먼지를 털고, 화장실 바닥에서 물때를 벗겨내고, 옷장을 정리하고, 물걸레로 식탁을 닦으면서 의미를 느낄 수도 있을 것입니다. 제가 설거지에서 뿌듯함을 느꼈던 것처럼 말입니다.

일류 대학에 진학하고, 학점은 전부 A를 받아야 하고, 연봉은 높아야만 하며, 남들보다 빠른 승진에 값비싼 아파트에 슈퍼카를 소유해야만 인생이 의미 있어지는 것은 아닙니다. 누구나 다 알고 있는 사실입니다. 다 알지만 이런 유혹에 쉽게 넘어갑니다. 최고의 성취를 해야만 성공한 인생이라고 자기를 다그치게 됩니다. 저도 종종 이런 함정에 빠지곤 합니다. 큰 업적을 이룬 동료 의사들을 올려보며 '내 인생은 왜 이렇게 보잘 것 없는가!'라고 느낍니다. 그래도 다시 마음을 다잡습니다. 스스로 선택한 목표에 전념하는 것, 그 자체가 인생을 의미 있게 만든다고.

저는 매일 5km를 뜁니다. 어제보다 조금 더 빨리 뛰게 되었을 때 기쁨을 느낍니다. 한 시간을 쉬지 않고 달릴 수 있게 되었을 때의 성취감을 잊을 수 없습니다. 이런 뿌듯함을 느낄 때마다 '잘 살고 있구나'라고 저는 생각합니다. 컴퓨터 자판을 두들겨 스크린에 활자를 채워 나갈 때마다, 난해한 책을 한 장 한 장 읽어 넘길 때마다, 이리저리 흩어진 진리들을 모아서 나만의 통찰로 엮어낼 때마다, 가파른 산을 오르며 종아리가 당길 때마다 의미 있게 살고 있음을 온몸으로 감각합니다.

인생의 의미는 저 먼 곳에 있지 않습니다. 희귀한 것도 아닙니다. 일상에 늘 존재합니다. 거창한 걸 이뤄야만 의미 있는 삶이 되는 게 아닙니다. 소소한 일상에 전념하는 순간 반짝이며 찾아오는 뿌듯함이야말로 인생이 주는 진짜 의미입니다.

내 묘비명에 무엇을 쓰겠는가

내 묘비명에 쓸 문장이 바로 내가 추구해야 할
인생의 가치입니다

삶의 좋은 동력을 가진 사람은 좋은 가치를 갖고 있습니다. '나는 어떻게 살고 싶은가?' 하는 물음에 대한 자기만의 답을 갖고 있습니다. 자신에게 중요한 것, 자신이 열정을 가지고 있는 것을 알고 있습니다. 삶의 깊은 충족감이 어디에서 나오는지 모르고 살면 인간은 삶을 견디지 못하고 허우적거리게 됩니다.

삶에서 추구하는 가치가 무엇인지를 알고, 더디지만 그것을 향해 걸어가고 있다고 느끼면 당장은 괴롭고 힘들어도 '행복하다, 잘 살고 있다'는 느낌을 갖습니다.

하지만 자기 가치를 깨닫지 못하고 살면 스트레스의 먹잇감이 됩니다.

가치가 불분명하고, 모호하고, 그것이 언어로 명료화되지 못하면 태양처럼 꿈틀거리는 열망이 있어도 방향을 잃습니다. 스스로에게 질문을 던져 보세요. '만약 내가 죽게 됐을 때 사람들 마음속에 어떻게 기억되고 싶은가?' 하고요.

이런 질문은 '죽음 현저성mortality salience'을 자극합니다. 삶의 의미가 가장 분명하게 드러나는 순간이 바로 죽음에 직면했을 때입니다. 살아갈 시간이 얼마 남지 않았다고 인식하면 그제야 비로소 삶의 진짜 의미를 찾으려고 하게 됩니다.

'내 묘비명에는 무엇을 쓸 것인가?' 하고 물어봐도 좋습니다. 철강 왕 앤드류 카네기의 묘에는 '억만장자, 꿈을 이룬 사람, 영향력 있는 인물'이 아니라 "마음을 알아주는 이, 여기 잠들다"라고 쓰여 있다고 하더군요.

'무엇을 위해 기꺼이 목숨을 바치겠는가?' 하고 물어도 좋습니다. '만약 내가 죽은 뒤 내 장례식에 온 사람들의 말을 들을 수 있다면 그들이 나에 대해 어떤 말을 할까? 어떤 말을 해주면 좋을까?' 하고 상상해 봐도 좋습니다. 죽은 뒤에 다른 사람이 그 사람을 어떻게 기억하고 있는지를 미리 상상해 보면, 내가 어떻게 살아야 하는지에 대한 답도 자연스럽게 따라옵니다.

'만약 앞으로 1년밖에 살지 못한다면 1년 동안 나는 어떤 사람이 되고 싶을까?', '만약 붕괴되고 있는 빌딩 안에 갇혀 몇 분 안에 죽게 된다면 나는 누구에게 전화를 할까? 그들에게 무슨 말을 할까?' 하고 스스로에게 물어보세요.

죽음을 떠올리는 것이 껄끄럽다면 '5년 후나 10년 후의 내 모습이 어떻게 되어 있기를 바라는가?' 하고 물어도 좋습니다. 조금 더 긴 시간의 관점에서 자기 모습을 그려 보는 것이지요. 이렇게 생각하다 보면 내가 살아가야 할 방향이나 목표, 사명이 떠오르게 됩니다.

부모님이 원하는 대로, 세상이 원하는 대로 끌려가지 않으려면 내가 품고 있는 삶의 가치가 진정으로 내가 원하는 것에서 비롯된 것인지를 따져 봐야 합니다. 자신에게 이렇게 물어보세요. '기적이 일어나 나에게 중요한 모든 사람들에게 인정받게 된다면, 그래서 내가 다른 사람들을 더 이상 기쁘게 만들거나 감동시킬 필요가 없어진다면 나는 어떤 일을 하고 싶은가? 어떤 사람이 되고 싶은가?' 하고 말이지요.

내면에 떠오른 자기만의 고유한 가치, 인생에서 추구할 방향이 정해지면 이것을 말로 표현해야 합니다. 이야기해야 합니다. 사람은 자신이 추구하는 것을 말로 드러낼수록 그러한 자기 진술에 더욱 몰입하게 됩니다. 생각이 아니라 자신이 말한 것에 따라 그것을 추구하고자 더 노력하게 됩니다. 이것을 '자기 지각 이론self perception theory'이라고 합니다.

인생의 진정한 가치를 말로 표현하다 보면 '더 노력해야지' 하는 마음이 자연스럽게 따라옵니다. 억지로 끌려가지 않게 됩니다. 허위 존중에 매달릴 필요도 없어집니다.

베토벤은 예술이 자신을 죽음에 대한 유혹으로부터 이길 수 있게 도와주었다고 말했습니다. 그는 32세

때 귀가 들리지 않게 되자, 절망의 한가운데에서 이렇게 말했다고 합니다.

"작은 것이 나를 생의 끝으로부터 물러서게 했다. 예술만이 뒤로 물러서는 나를 잡아 주었다. 아! 내가 하고 싶다고 끌리는 것을 하기 전까지 이 세상을 떠나는 것은 나에게 불가능한 것 같다. 그래서 나는 이 비참한 인생을 끌어가고 있다."

의미는 찾는 게 아니라 만드는 것이다

사명이 있는 사람은 힘들어도 행복합니다

"지금 하는 일을 그만두고 다른 일을 해야 할까요? 지금 하는 일이 맞지 않는 것 같아요. 다른 일을 하고 싶어요. 그래도 될까요?" 상담하다 보면 이런 질문을 자주 듣습니다. 제게는 운명을 미리 볼 수 있는 능력이 없으니 꼭 맞는 정답을 알려 드릴 수는 없습니다. 이건 점쟁이도 마찬가지일 것입니다. 세상 그 누구도 내게 꼭 맞는 일을 찾아줄 수는 없습니다.

일은 단순한 밥벌이가 아닙니다. 일은 나의 정체성

을 구성합니다. 나의 일부분이 되고, '나'라는 사람을 결정합니다. 하던 일을 그만둔다는 것은 불가피하게도 정체성의 혼란을 몰고 옵니다. 정체성의 혼란만큼 사람을 괴롭게 만드는 것은 없습니다.

다시 말하지만, 정답은 없습니다. 돈을 더 많이 벌 수 있는 일을 찾겠다는 것도 중요한 기준이 될 수 있습니다. 그런데 내가 하고 있는 일이 얼마만큼의 돈으로 환산될 수 있는지는 그 누구도 정확히 말할 수 없습니다. 돈으로만 기준을 삼는다면 현명하게 결정할 수 없습니다.

자신을 힘들게 하는 어떤 사람 때문에 하던 일을 그만두고 싶다는 사람도 있습니다. 하지만 내가 어디서 어떤 일을 하든 그곳에도 나를 괴롭히는 사람 한두 명은 반드시 있습니다. 사람 때문에 내가 하는 일을 포기하거나 쉽게 바꿔서는 안 됩니다.

선택의 가장 중요한 기준은 지금 하는 일이 내 인생의 가치를 실현시켜 주느냐 아니냐 하는 것이 아닐까요? 지금 하는 일을 통해 내가 계속 성장할 수 있느냐

하는 것이겠지요. 그래서 내 인생의 가치에 조금씩 다가가고 있다는 느낌을 받을 수 있는 것이 무엇보다 중요한 기준일 겁니다.

정신과 의사로 살면서 많은 사람들의 이야기를 오랜 시간 귀 기울여 들을 수 있었습니다. 제게 찾아온 의뢰인이 저를 과거보다 조금 더 나은 의사로 성장시켜 주었습니다. 지금도 꿋꿋하게 정신과 의사로 살아갈 수 있는 것은 의뢰인이 제게 나눠 준 삶의 이야기 덕택입니다. 그동안 만났던 모든 분들께 감사하는 마음으로 살고 있지요.

제가 만난 중년 남성 한 분이 이렇게 말한 적이 있습니다. "일할 때가 가장 행복합니다. 지금 하고 있는 일에 최선을 다할 때 기분이 좋아요." 유흥으로 하루를 보내거나 한가하게 골프 치는 것은 별다른 감흥을 주지 않는다고 하더군요. 일로 인한 스트레스가 무척 클 것 같았는데, 그럼에도 불구하고 일을 할 때가 가장 좋다고 하더라고요. 워커홀릭이라고 쉽게 여길 수도 있겠지요.

그런데 그분은 일하는 이유를 이렇게 말하더군요. “사업이 잘되면 나중에 조그만 장학재단이라도 만들어서 저처럼 돈이 없어서 제대로 배우지 못한 아이들을 조금이라도 돕고 싶어요.” 돈이나 성공이 목표가 아니라 자신이 이루고 싶은 인생의 사명을 갖고 있기 때문에 힘들어도 행복하다고 말하더군요.

내가 세상에 존재하는 이유와 사회에 기여하는 바를 ‘사명’이라고 합니다. 개인의 이익을 넘어 ‘어떻게 세상에 가치 있게 기여할 것인가?’를 생각해 보세요. ‘나만이 창조할 수 있는 가치는 무엇일까?’ 하고 곰곰이 생각해 보세요. 그저 돈을 벌기 위해서나 유명세를 얻기 위해서가 아니라 “이 세상에 나만이 부여할 수 있는 가치는 무엇일까?” 하고 스스로에게 물어야 합니다.

내 인생의 주인공은 결국 나다

원칙이 되고, 나침반이 되고, 목표가 되는, 그런 나만의 인생 이야기를 만들어야 합니다

"내가 하는 일이 어떤 가치가 있는지 모르겠어요"라고 말하는 분들이 많아요. 그런데 세상에 무의미한 일은 없어요. 거기에 숨겨진 은밀한 가치를 본인이 발견하지 못했을 뿐이죠.

제가 자주 비유로 드는 이야기가 있습니다. 같은 일터에서 삽질을 하고 있는 5명의 인부가 자신이 하고 있는 일에 대해 각자의 관점으로 묘사한 이야기입니다. A라는 사람은 그저 "삽질을 하고 있다"고 얘기합니다. 그 옆에 있던 B는 "벽을 세우려고 땅을 파고 있어요"라고

말하고요. C는 "건물을 짓고 있어요"라고 합니다. 똑같은 삽질을 하고 있는데도 D는 "나는 성당을 짓고 있다"고 해요. 바로 옆에서 E는 이렇게 말합니다. "나는 지금 신께 다가가고 있어요."

같은 일을 하더라도 거기에 어떤 의미를 부여하느냐에 따라서 내가 느끼는 가치가 달라지는 거예요. 그럼 당연히 일을 대하는 자세도 달라집니다. 삽질을 하면서 '내 근력을 키우고 있다'고 생각하면, 일이 고되더라도 성장에 도움이 되는 행위로 받아들이게 되니 견디기가 수월해지는 것처럼요.

라이프 내러티브life narrative는 마음속에 자리 잡고 있는 자기 자신에 대한 이야기입니다. '삶의 서사'라고도 하지요. 사람들은 자기 삶을 계속되는 이야기로 인식합니다. 시간의 흐름 속에서 라이프 내러티브를 계속해서 고쳐 써 나가게 됩니다. 시간이 흘러도 계속되는 이야기는 삶의 방향을 알려 줍니다. 살아가는 힘이 됩니다. 어려움이 닥쳐도 무너지지 않게 만들어 줍니다. 좌절 이후에 다시 일어서게 만드는 힘이 라이프 내러티브에서 나옵니다.

한 일간지에 실린 조치훈 9단의 인터뷰 기사를 봤습니다. 한 기자가 당신에게 바둑이란 어떤 의미냐고 물었습니다. 조치훈은 이렇게 말했습니다.

"만약 바둑이 없었다면 내 인생은 오히려 행복했을지도 모릅니다. 그런데 인생이 행복하기만 하면 사는 게 재미없었을 것 같아요. 불행하고 힘들기 때문에 인생이 재미있는 것입니다. 어렵고 힘든 바둑 때문에 내 인생은 재미있었습니다. 그래서 나는 바둑을 둡니다."

이 말을 듣고 저는 생각했습니다. '한 분야에서 대가가 된 사람은 인생에 대한 자기 이야기도 깊어지는구나' 하고 말이지요.

우리에게는 자기만의 고유한 삶의 이야기가 필요합니다. 삶에 대한 이야기가 깊고 풍부한 사람은 역경이 찾아와도 쉽게 쓰러지지 않습니다. 쓰러져도 다시 일어나고, 그 경험에서 또 다른 의미를 발견합니다. 인생 경험을 의미 있는 내러티브로 구성할 수 있는 사람은 시간이 흐를수록 자아가 더 성숙해집니다. 충격적인 사건을 경험한 뒤에도 그것을 의미 있는 스토리로 이야기할 수 있는 사람은 충격에서 쉽게 벗어납니다. 스트레스 이후에 오히려 강해집니다.

이런 말들이 추상적으로 느껴질 수도 있을 것 같습니다. 예를 한번 들어 보겠습니다.

어떤 사람이 한 직장에서 30년 동안 근무하면서 자신이 원하는 직급에 오르지 못한 채 퇴직해야만 했습니다. 이 같은 일을 '나의 30년 직장 생활은 실패작이다'라는 주제의 이야기로 풀어내는 사람이 있을 것입니다. 반면에 똑같은 일을 가지고도 가혹한 경쟁 사회에서 꿋꿋하게 버텨 낸 인내의 이야기로 풀어내는 사람도 있을 것입니다.

직장을 자주 옮긴 경험도 마찬가지입니다. 한 곳에 정착하지 못하는 부적응자인 것처럼 이야기할 수도 있겠지만, 자기 능력을 인정해 주는 곳에서 최선을 다해 보고 싶어서 쉽지 않은 이직을 결심했다는 도전과 모험의 스토리로 풀어낼 수도 있겠지요. 어느 쪽이 정신적으로 건강한 것 같나요?

이미 벌어진 인생의 수많은 사건들을 없던 일로 만들 수는 없습니다. 시간을 되돌려 자신의 행동을 뒤집어 놓을 수도 없습니다. 과거를 없는 것으로 잊어버리고 산다는 것은 불가능합니다. 그런데 이미 일어난 일이라도 그것에 대한 이야기는 얼마든지 편집하고 새롭게 바꿀 수 있습니다.

과거를 긍정적으로 이야기하느냐 부정적으로 풀어내느냐 하는 것에 따라 지금의 내가 달라지고 미래의 삶이 달라집니다. 자신의 과거를 어떻게 이야기하느냐에 따라서 그 사람의 가치도 달라집니다.

병원에서 청소 일을 하는 사람이 "내가 하는 일은 휴지통을 비우는 거야"라고 이야기하는 것과 "나는 환자의 건강을 지키는 최전선에서 일하고 있어"라고 이야기하는 것은 다릅니다. 어느 쪽이 하루하루를 더 활기차게 살 수 있을까요? 공항버스 운전사가 "나는 운전하는 사람이야"라고 말하는 것보다 "나는 사람들의 추억을 실어 나르는 예술가야"라고 이야기할 때 삶이 더 풍족해지지 않을까요?

일본의 애니메이션 거장인 미야자키 하야오 감독이 했던 이야기가 잊히지 않습니다. 그는 자기가 살아온 삶을 이렇게 풀어내더군요

"나는 문화인이 아니다. 문화인이 되고 싶지도 않다. 난 마치코바의 아저씨다. 그냥 집과 직장을 내가 직접 운영하면서 왕복할 수 있는 동안에는 일을 할 것이다. 나는 50년 동안 이 세상 어린이들에게 '이 세상은 살아갈 가치가 있단다'라는 걸 전하고 싶었고, 지금도 마찬가지다. 앞으로 10년간은 그럴 생각이다."

그는 돈이나 명성을 위해서 일한 것이 아니었습니다. 자기 삶에 헌신했던 것이 영화를 만들겠다는 평면적인 의지에서 비롯된 것도 아니었습니다. 그는 일을 통해 세상에 자기만의 이야기를 전하고 싶었던 것입니다. '세상을 산다는 것이 쉽진 않지만, 그래도 살아갈 만한 가치가 있는 것'이라는 이야기를 자신의 영화로 다음 세대에게 말해 주고 싶었던 것이지요.

여러분도 자기 인생의 감독이라고 생각하고, 내가 만들 인생 영화의 제목을 지어 보세요. 당신이 사랑하

는 사람들, 가족과 친구들이 한 방에 모두 모여 있다고 상상해 보세요. 그들과 함께 당신의 이야기를 영화로 만들 겁니다. 세상에 내놓을 당신의 영화에 어울릴 만한 제목을 붙여 보세요.

자기 삶의 의미를 가장 잘 표현해 주는 이야기가 무엇인지, 스스로 만들어 가야 합니다. 가장 소중한 것을 품고 있는 삶의 이야기를 만들어야 합니다. 이야기가 원칙이 되고, 이야기가 나침반이 되고, 이야기가 목표가 되는, 그런 이야기를 만들어야 합니다. 이런 이야기가 나를 지켜 줍니다. 실패해도 다시 도전하게 만듭니다. 누군가가 여러분을 성가시게 만들고 비난해도 꿋꿋이 견뎌 낼 수 있게 해주는, 그런 나만의 이야기가 필요합니다.

꿈은 품는 것이 아니라 꺼내는 것이다

우리는 다만 '나는 어떤 삶을 원하는가?'라는 질문에 대한 자기만의 답을 찾아야 합니다

저 역시 삶에 대한 이야기를 계속 만들고 있습니다. 비록 미야자키 하야오 감독만큼 거창한 것은 아니지만, 제 나름의 인생 사명은 '새로운 경험을 쌓아 그 경험을 바탕으로 세상에 작지만 선한 영향을 퍼뜨리자'는 것입니다.

저는 정치인도 아니고 유명인도 아닙니다. 대중에게 큰 파급을 미치지도 못합니다. 하지만 상담실에서 제 앞에 앉아 있는 한 사람, 제 강의를 듣는 몇몇 사람, 제 책을 읽는 여러 사람에게 작지만 선한 영향력을 미칠

수 있다면 그것으로 충분히 행복할 것 같습니다. 내가 들려주는 이야기만으로도 힘들고 지친 사람들이 '다시 한번 힘내서 살아보자' 하는 마음이 샘솟을 수 있다면 얼마나 좋을까 하고 상상합니다.

미래의 삶을 생각하면서 자신이 되고자 하는 최고의 모습을 떠올려 보세요. 이것을 '최고 가능 자기best possible self'라고 합니다. 최고 가능 자기를 상상해 보는 겁니다. 하루에 20분씩 미래에 어떤 삶을 살기 원하는지 글로 써봐도 좋습니다. 이렇게 하면 긍정적 정서가 커지고, 꿈을 이루기 위한 행동도 더 많이 하게 됩니다. 꿈의 시각화, 최고 가능 자기를 그려 보는 것, 이것은 일상의 스트레스로부터 자신을 보호해 줍니다. 현재 삶에 최선을 다할 수 있도록 도와줍니다.

꿈은 가슴에 품는 것이 아닙니다. 꿈은 가슴에서 꺼내야 하는 것입니다. 꿈은 표현하는 것입니다. 꿈은 현실처럼 생생하게 시각화되어야 합니다. 그래야 이루어질 가능성도 커집니다. 꿈을 비전으로 만들어야 합니다. 비전은 장차 자신이 되고자 하는 생생한 모습을 마치 현실에 존재하는 것처럼 마음속에서 그려 보는 것입니다. 이것이 실현되었을 때의 느낌을 반복해서 떠올리는 것입니다.

사람마다 살고 싶은 삶은 다 다릅니다. 이런 것들을 쭉 모아 보면 다섯 가지 형태로 수렴됩니다. 괜찮은 삶의 형태는 대체로 이 다섯 가지 안에 포함됩니다.

어떤 사람은 성취하는 삶을 살고 싶어 합니다. 사회적으로 높은 지위에 오르고, 회사에서 승진하고, 그래서 돈도 많이 벌고, 유명해지고 싶어 합니다. 이렇게 성취 지향적인 삶을 원하는 사람이 있습니다.

하지만 이렇게 사는 것이 유일한 정답은 아닙니다. 어떤 사람은 의미 있는 삶을 원합니다. 사회를 위해 공헌하고 후대를 위해 의미 있는 것을 남겨 주고 싶어 합니다. 더 나은 세상이 되도록 헌신하고 싶어 합니다.

또 어떤 사람은 몰입하는 삶을 살고 싶어 합니다. 자기만의 세계로 들어가 창조력을 끌어올려서 새로운 예술품을 만들어 내고자 합니다. 글을 읽고, 공부를 하고, 깨달음을 얻기 위해 몰입할 때 자신이 잘 살고 있다고 느낍니다.

어떤 사람은 함께하는 삶을 꿈꿉니다. 가족과 함께, 친구와 함께 세상 사람들이 조화롭게 살아가는 것을 지향하는 것이지요.

즐거움을 추구하는 사람도 있습니다. 짜릿한 쾌감을 느끼며 살고 싶어 하는 것이지요. 사람들과 어울릴 때 만족하고 그것이 삶에서 자신이 가장 원하는 것이라고 합니다. 흥분되는 것을 많이 경험하고 이를 통해 활력을 느끼고자 합니다. 이것이 진짜 사는 맛이라고 여깁니다.

모두 그 나름대로 '괜찮은 삶'이라고 할 수 있습니다. 무엇이 무엇보다 더 나은 삶이라고 말할 수 없습니다. 우리는 다만 '나는 어떤 삶을 원하는가?'라는 질문에 대한 자기만의 답을 찾아야 합니다. 그리고 매 순간 그것을 향해 행동할 때 "그래, 나는 꽤 괜찮은 사람이고, 이만하면 나도 꽤 괜찮게 살고 있어!"라고 느낄 수 있습니다.

내가 만든 상처가 더 아프다

초판 1쇄 인쇄 2024년 03월 11일
초판 1쇄 발행 2024년 03월 18일

지은이 김병수
펴낸이 이부연
총괄디렉터 백운호
책임편집 윤다희
표지디자인 유어텍스트

펴낸곳 (주)스몰빅미디어
출판등록 제300-2015-157호(2015년 10월 19일)
주소 서울시 종로구 내수동 새문안로3길 30, 대우빌딩 916호
전화번호 02-722-2260
인쇄·제본 갑우문화사
용지 신광지류유통

ISBN 979-11-91731-61-3 (03190)